Gisela Walter Ich

Gisela Walter

Ich

Kinder werden selbstbewußt
und tolerant
Spiele, Lieder, Bastelsachen
zur Förderung und Entwicklung
des sozialen Verhaltens

mit Liedern von Gerhard Schöne
und Illustrationen von
Betina Gotzen-Beek

Herder Freiburg · Basel · Wien

Gedruckt auf umweltfreundlichem,
chlorfrei gebleichtem Papier

2. Auflage

Umschlaggestaltung: Joseph Pölzelbauer, Freiburg
Umschlaggrafik: Barbara Theis, Freiburg
Textgrafik: Betina Gotzen-Beek, Freiburg
Notengrafik: prima nota, Korbach

Satz: Barbara Herrmann, Freiburg
Druck und Bindung: Freiburger Graphische Betriebe 1998
ISBN 3-451-26778-0

Vorwort

„Ich“ heißt der erste Band des Buch-Quartetts, das die Förderung des Sozialverhaltens der Kinder zum Anliegen hat. Nanu, werden sich viele fragen, das Kind soll sich doch nicht so sehr in den Mittelpunkt stellen, sondern vor allem lernen, mit anderen gut auszukommen. Stimmt! Und dieses Buch zeigt den Weg auf, wie dieses Erziehungsziel erreicht werden kann:

Zuerst muß das Kind mit sich und seiner Umwelt zurechtkommen und dabei zufrieden und glücklich sein. Es soll stolz seine Besonderheiten erkennen, seine Begabungen entdecken und auch das, was es nicht so gut kann, als seine Eigenheiten akzeptieren lernen.

Erst dann ist das Kind in der Lage, auf seine Mitmenschen zuzugehen, tolerant und friedlich mit anderen auszukommen, sich auf Unbekanntes interessiert einzulassen und Fremdes neugierig zu erforschen.

Da gibt es für ErzieherInnen, Eltern und LehrerInnen viel zu tun, um diese Ich-Stärke und Ich-Stabilität des Kindes aufzubauen und sein Selbstvertrauen und seine Selbstsicherheit zu fördern.

Diese Buch enthält Anregungen, wie das Kind bei seiner Identitäts-Suche und Identitäts-Findung unterstützt werden kann. Es beschreibt Spiele, Aktivitäten, Erlebnisse, Phantasien, bei denen sich das Kind selbst entdeckt, sich seiner Stärken und Schwächen bewußt wird, seine Wünsche und Träume erkennt, und das mit allen seinen Sinnen.

Das Buch zeigt Situationen auf, bei denen sich das Kind tüchtig und erfolgreich erlebt, über seine Leistung staunt, selbständig wird, neugierig auf sein Leben ist und sich darauf freut, was es noch alles lernen kann.

Das gesamte Buch-Quartett steht für ein Erziehungskonzept mit den Erziehungszielen Selbständigkeit, Autonomie, emotionale Intelligenz und soziale Kompetenz. Für eine Erziehung also, die ein Kind unterstützen möchte dabei, selbständig und selbstbewußt, glücklich und zufrieden zu werden, aufgeschlossen an seiner Umwelt interessiert; ein Mensch zu werden, der die Regeln des Zusammenlebens versteht und akzeptiert, der von sich aus bereit ist, sich in die Gemeinschaft einzufügen, und der ein angemessenes Sozialverhalten hat.

Die weiteren Schritte in diesem anspruchsvollen Erziehungsprogramm werden in den folgenden Bänden des Buch-Quartetts beschrieben:

Ich und meine Freunde
(Erscheint im 1. Halbjahr 1998)

Ich und meine Familie
(Erscheint im 2. Halbjahr 1998)

Ich und die anderen
(Erscheint im 1. Halbjahr 1999)

Ich wünsche Ihnen, daß Sie mit Ihren Kindern viele glückliche und zufriedene Stunden erleben!

Gisela Walter
Juli 1997

Inhalt

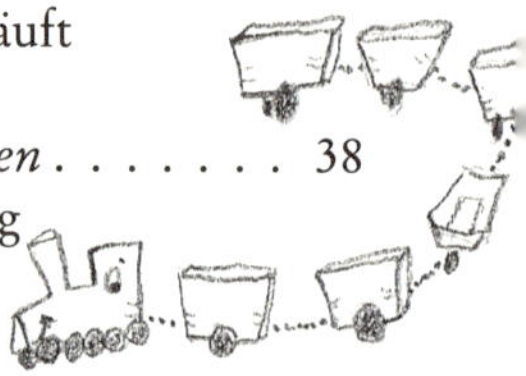

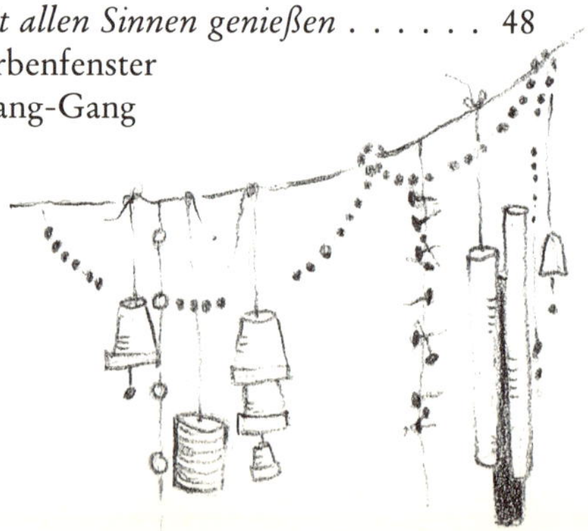

1. Kapitel

Ich bin ich

Hallo, da bin ich!

Den Augenblick festhalten

„Hallo, da bin ich!“ ruft es laut an der Tür. Da steht er, der kleine Mensch, lachend, mit strahlenden Augen und sehr begeistert von sich und der Welt. In diesem Augenblick möchte man als Erwachsener am liebsten sagen: „Du bist toll, und ich mag dich sehr!“ Na, dann sagen Sie es doch!

Wollen Sie diesen Augenblick festhalten? Schnell die Kamera geholt und mit der Aufmunterung „Sag noch einmal: Hallo!“ den Auslöser gedrückt!
Später werden Sie mit dem Kind das Foto anschauen, und das Lachen und die gute Laune jenes Augenblicks sind wieder da. So ein lachendes Kindergesicht macht jeden Betrachter munter, das steckt an. Vielleicht macht es dem Kind Spaß, eine Geschichte zur Fotoszene zu erfinden. Welche Erlebnisse und Abenteuer könnten denn gerade passiert sein?

Tip: Legen Sie Ihre Kamera griffbereit an einen besonderen Platz, um im richtigen Augenblick tolle Schnappschüsse machen zu können.

Ganz besondere Bilderrahmen

Ist das Foto „bildhübsch“ geworden? Dann könnte man es in einem originellen, selbstgebastelten Bilderrahmen aufstellen oder verschenken. Ideen dazu sind auf dieser Seite aufgemalt.

Familie
Ein tolles Geschenk für Patentanten und Großeltern.
Und die Geschichte dazu? Die kann auf Cassette aufgenommen werden.

Kindergarten und Schule
Wie wäre es mit einer Fotowand im Gruppenraum? Auch prima passend als Muttertagsgeschenk! Schulkinder können ihre Geschichte selber schreiben, Kindergartenkinder können sie malen, um sie dann der Mami noch einmal zu erzählen.

So sehe ich aus

Wie siehst denn du aus? Alle wissen und sehen es, nur man selber nicht! Schade, daß man sich nicht ins Gesicht schauen kann, so wie man jederzeit seine Hände betrachten kann. Da braucht man ein Hilfsmittel dazu, den Spiegel oder wenigstens eine Wasserpfütze. Also, ab ins Badezimmer oder in den Waschraum. Das Spiel heißt: Jeder schaut sich mal ganz lange und ganz genau an.

Schau doch mal!

Wie komisch das ist, sich selbst in die Augen zu schauen! Die Kinder werden kichern und vielleicht auch schreckliche Grimassen schneiden, um ihre Verlegenheit zu überspielen. Macht nichts! Ihre Fragen können die aufgeregte Kinderschar beruhigen und zum genauen Beobachten anleiten:

- Schau mal deine Nase an. Schau, wie sich die Nasenflügel bewegen, wenn du schnupperst.
- Schau deine Stirn an, runzle die Stirn in tiefe Falten, als müßtest du angestrengt nachdenken.
- Schau deinen Mund an, wie er lächeln kann oder schmollen oder grinsen oder pfeifen oder blasen oder küssen ...
- Und nun schau deine Haare an, den Haaransatz, die Haarfarbe, die Haarwirbel, die Locken und Strähnen.
- Und deine Ohren! Kannst du damit wackeln?
- Schau weiter ... deine Wangen, Schläfen, dein Kinn und deinen Hals.

Wörter lernen

Für die jüngeren Kinder sind das bekannte und unbekannte Wörter, die sie bei diesem Spiegelspiel hören. Wenn ihnen das gefällt, kann das Spielen und Wörterlernen weitergehen: Zeige auf deine Schläfen, tippe auf deine Nasenspitze, zupfe dich an deinem Ohrläppchen ...

Eine lustiges Spiel ist das und gar nicht so einfach! Denn vor dem Spiegel ist alles seitenverkehrt.

Grimassenspiel

Wer kann wie eine Prinzessin lächeln? Wer kann wie ein Räuber finster blikken? Wer macht ein artiges, braves Gesicht? Und wer ein freches Lausbubengesicht? Und wie sieht ein Clowngesicht aus? Wie lacht er, wie weint er, wie horcht er, wie gähnt er? Jetzt schaut ein Kasperlgesicht aus dem Spiegel! Der Kasperl macht fürchterlich schöne Grimassen, streckt sich selbst die Zunge heraus, dann schmollt er, senkt beschämt den Blick und zum Schluß lacht er wieder frech in den Spiegel und aus dem Spiegel heraus, wie es eben ein Kasperl tut.

Spielvariante: Auf kleine Kärtchen viele Strichgesichter malen mit jeweils anderem Gesichtsausdruck. Einer zieht ein Kärtchen und ahmt mit seinem Grimassenspiel diesen Gesichtsausdruck nach.

Schmücken und Schminken

Nun kennt jedes Kind sein Gesicht ganz genau.
Ja, das bist du, so siehst du aus!
Und keiner auf der Welt sieht so aus wie du!
Du bist einmalig!
So etwas Besonderes sollte man auch mal wunderschön schmücken und schminken. Legen Sie dazu ein paar Dinge bereit: Theaterschminkfarbe, Schminkstifte, Bänder, Ohrringe, Haarschleifen. Und dann kann jeder loslegen, wie er will. Es ist ja schließlich sein Gesicht!

Ich bin ich

Text und Melodie: Gerhard Schöne

Ich bin ich,
drum freu ich mich.
He, bin ich nicht einmalig?!
Ich habe zwei Augen,
zwei glückliche Sterne,
die blinzeln und blinken.
Ich mag sie so gerne.
Ich habe zwei Ohren,
zwei niedliche Muscheln.
Das Gras hör'n sie wachsen.
Den Floh hör'n sie tuscheln.
Ich liebe das Leben.
Das Leben liebt mich.
Kein Wunder, du Flunder,
denn: Ich bin ich!

Ich bin ich,
drum freu ich mich.
He, bin ich nicht einmalig?
Ich hab eine Nase.
Mein zierlicher Rüssel
riecht gern frische Brötchen,
riecht gern Himmelsschlüssel.
Ich spür meinen Atem.
Mein Herz hör ich schlagen.
Ich spür, wie ich wachse
an etlichen Tagen.
Ich liebe das Leben.
Das Leben liebt mich.
Kein Wunder, du Flunder,
denn: Ich bin ich!

So heiße ich

Das hat ein kleines Kind bald gelernt: Einen Namen zu haben ist sehr wichtig, und der eigene Namen ist etwas Besonderes! Denn bei vielen Begegnungen wird es zuerst gefragt: Wie heißt denn du?

Ich habe viele Namen

Ja, wie heiße ich denn nun? Dies fragt sich die kleine Nicola! Die Mama nennt sie liebevoll „Schätzchen“, der Papa ruft „Mäuschen“, der Opa begrüßt sie mit „Hallo“ und die Oma ergänzt die Begrüßung mit „mein Liebes“. Draußen auf der Straße brüllen die Nachbarskinder „Kleine“, die Verkäuferin beim Bäkker sagt immer „Na, du kleiner Zwerg“ und der große Bruder sagt manchmal „Nici“ und manchmal „blöde Kuh“ und manchmal „Heulsuse“.

Das sind viele Namen! Manche gefallen der Nicola, manche gar nicht. Nicht jeder darf zu Nicola „mein Schätzchen“ sagen. Vor allem der große Bruder nicht, denn der spricht es so komisch aus, daß es nicht mehr so liebevoll klingt wie bei der Mama.
Mit den Kindern über Kosenamen reden, kann für Sie sehr aufschlußreich sein.

Namen-Singsang

Die Kinder sitzen im Kreis und einfache Musikinstrumente oder selbstgebastelte Instrumente liegen in der Mitte. Einer beginnt und singt seinen Namen, einfach so munter drauflos. Das kann wie ein Rufen klingen. Dann nimmt er ein Musikinstrument und begleitet seinen fröhlichen Namen-Singsang. Jetzt wählen auch die anderen Kinder ein Instrument aus und singen und spielen diesen Namen-Singsang mit.
Auf ein Zeichen hin müssen die kleinen Musikanten wieder aufhören, und alle Instrumente werden in die Kreismitte zurückgelegt. Jetzt ist der nächste dran. Auch er singt seinen Namen, und die anderen machen wieder mit.

Was für ein aufregendes Gefühl, wenn die ganze Gruppe den Namen singt und spielt. Und wie schön das klingt! Zum Glück ist jedes Kind mal an der Reihe und kann seinen Namen-Singsang genießen.

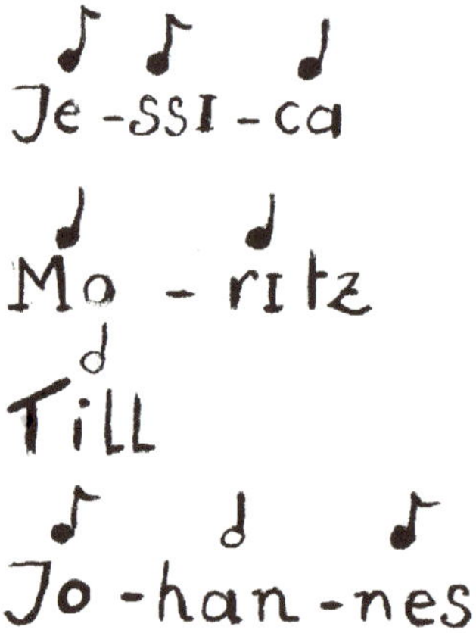

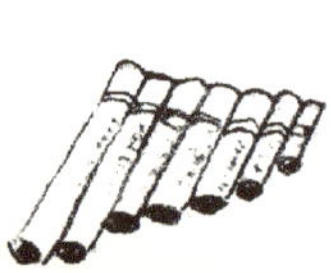

Namen schreiben

Wie stolz ist ein Kind, wenn es seinen eigenen Namen schreiben kann! Also zeigen wir es den Kindern. Das Namenschreiben muß ja nicht gleich in Schreibunterricht ausarten. Mit einfachen Buchstaben-Spielen und lustigen Namen-Schreib-Spielen wird es kinderleicht und macht großen Spaß. Am besten beginnt man mit dem ersten Buchstaben des Namens und erklärt ein paar Tage später die weiteren Buchstaben. Man kann Buchstaben ...

- mit Knete formen, auf einen Karton kleben und als Buchstaben-Tafel aufhängen
- auf Papier malen, ausschneiden und einzeln mit Büroklammern an einer Schnur aufhängen
- aus langen dünnen Teigrollen formen, backen und später genüßlich verspeisen
- mit Salzteig herstellen, man kann dazu auch Buchstaben-Ausstecher-Förmchen nehmen, trocknen lassen, backen, bunt anmalen und mit bunten Wollfäden aufhängen, zum Beispiel am Fenster oder an einen Zweig
- in Sand schreiben
- mit Bauklötzen oder Muggelsteinchen legen
- mit Kressesamen in einen vorbereiteten Teller aussäen, gießen und pflegen, so daß bald eine kleine, grüne Buchstaben-Wiese wächst
- mit Stoff-Farbe auf ein T-Shirt oder eine Sonnenschildmütze schreiben

Namen-Lotto

Jedes Kind hat vor sich ein Kartonpapier liegen, darauf ist mit großen Buchstaben sein Name geschrieben. Alle Buchstaben des Namens sind auch einzeln auf Kärtchen geschrieben, in gleicher Größe wie die auf dem Karton. Alle Buchstaben liegen buntgemischt in einem Spielkorb.

Der Spielleiter, das kann auch ein Kind sein, hält einen Buchstaben in die Höhe: Wer hat diesen Buchstaben in seinem Namen?

Wer sich zuerst meldet, bekommt das Kärtchen und legt es über den Buchstaben auf seiner Tafel.

Wer nur einen kurzen Namen hat, wie zum Beispiel der Lars, der kann sich mit seinem Nachbarn zusammentun und ihm bei der Buchstaben-Suche helfen.

Mein Körper

Das Kind ist auf dem Weg zur „Entdekkung des Ichs“ schon recht weit gekommen. Es hat sich im Spiegel betrachtet (siehe Seite 13), über seine Kosenamen geredet (siehe Seite 16), es kann seinen Namen schreiben (siehe Seite 17), und nun wird die ganze Person von Kopf bis Fuß beachtet.
„Ich kenne mich doch!“ werden die Kinder sagen. Stimmt das wirklich? Denn welcher Spiegel ist so tief unten am Boden angebracht, daß sich die kleine Person vom Haarschopf bis zum Zeh ungestört anschauen kann, also ohne auf dem Arm von Mami zu sitzen oder auf den Schultern von Papi zu zappeln.

Von oben bis unten

Vielleicht bringt Sie das auf die Idee, einen Spiegel für das Kind extra so aufzuhängen, daß dieses sich gut sehen kann, ohne auf einen Stuhl steigen zu müssen oder am Waschbeckenrand herumzuturnen. Selbstklebende Spiegelfließen zum Beispiel sind sehr praktisch und können überall befestigt werden, an Wänden, Schranktüren, Zimmertüren.
Was gibt es nun vor dem Spiegel zu spielen? Mit Ihren interessierten Fragen und spaßigen Beschreibungen kommt ein lustiges Spiegelspiel in Gang, zum Beispiel:
Schau mal, wie tief deine Hände neben den Beinen herunterbaumeln können! Und wenn du dich streckst, reichen sie höher als du bist.
Kannst du mit deinen Schultern auf und ab wippen und hoch bis zu den Ohren?
Dreh dich um, kannst du dich jetzt von hinten sehen? Vielleicht durch die Beine oder mit verdrehtem Kopf? Ein toller Trick: Mit einem Taschenspiegel geht es am besten!
Welche Körperteile hast du zweimal?

Sich „rundum“ fühlen

Das Spiegelspiel gibt dem Kind die Gelegenheit, sich lange und intensiv zu betrachten. Kann es sich selbst seinen Körper auch noch vorstellen, wenn es die Augen schließt? Dazu diese Übung:
Die Kinder liegen auf dem Boden oder sitzen ganz bequem auf einem Stuhl. Die Augen sind geschlossen. Nur Sie als Spielleiter reden und benennen verschiedene Körperteile, auf die sich die Kinder konzentrieren sollen, zum Beispiel:
Spürst du deine Hände? Die eine Hand und auch die andere Hand? Jetzt wandern deine Gedanken zu deinem Bauch. Spürst du, wie er sich auch beim Atmen bewegt? Und nun wanderst du mit deinen Gedanken hinunter zum großen Zeh. Du hast gleich zwei davon. Kannst du dir beide vorstellen?
Lassen Sie zwischen jedem Satz eine Pause, damit die Kinder zur Ruhe kommen und sich gut auf ihren Körper konzentrieren können. Spielen Sie das Spiel drei bis fünf Minuten.

Tip: Kleine Kinder können rechts und links noch nicht auseinanderhalten. Um die Kinder deshalb nicht zu verunsichern, vermeiden Sie besser diese Bezeichnungen und reden einfach von der einen und der anderen Seite.

Wörter lernen

Wieder ein Spiel für die Kinder, die noch nicht alle Körperteile benennen können. Es geht so: Wo sind deine Knie? Zeige mir deine Ellbogen, tippe auf deinen Bauch, kitzle dich am Hals, klopfe auf deinen Rücken, kratze dich am Kopf.

Körperklang

Ja, der Körper kann klingen, und jedes Körperteil klingt ein bißchen anders. Das wollen die Kinder sicher ausprobieren, und ein lustiges Klatschen und Patschen, Klopfen und Pochen beginnt. Das Klatschen kennen die Kinder längst! Doch wie klingt es, wenn man mit der flachen Hand auf den Arm patscht, mit einem Finger auf die Wange pocht, mit den Handknöcheln auf die Füße klopft, mit der Faust auf den Brustkorb trommelt oder mit der flachen Hand über die Haare reibt? Wie gut, daß diese Tonstudien jeder bei sich selber ausprobiert, dann tut es bestimmt nicht weh!

Sprachspaß: Handschuhe und Fußschuhe

Ein Spiel für die Schulkinder! Die Kinder schreiben eine Liste, welcher Körperteil welches typische Kleidungsstück hat. Das kann sehr witzig werden, wenn die Kinder zum Beispiel entdecken, daß man den Händen Handschuhe überzieht, die Füße aber nicht in Fußschuhe schlüpfen, sondern in Schuhe. Die Pullover haben Ärmel und die Hosen Beine. Das, was rund um den Hals liegt, ist entweder ein Kragen oder ein Schal. Die Kopfbedeckung heißt Hut oder Mütze. Kniestrümpfe reichen von den Zehen bis zum Knie, Socken müßten eigentlich Knöchelstrümpfe heißen und Strumpfhosen Bauchstrümpfe. Ein T-Shirt könnte auch Körpershirt heißen!
Wenn die Kinder Spaß an diesen Sprachspielereien haben, werden sie sicher auch neue Bezeichnungen für die Kleidungsstücke erfinden wollen.

Mein Zwilling

Ein Doppelgänger aus Papier

Einen Zwilling haben, einen, der so aussieht, wie man selber aussieht, wie aufregend! Nachfolgend Bastelideen, wie die Kinder zu so einem Ebenbild, einem Doppelgänger, kommen.
Ein großer Papierbogen wird auf dem Boden ausgebreitet, ein Kind legt sich darauf, und ein Freund zeichnet mit Bleistift den Umriß nach. Achtung, nicht zappeln und nicht kitzeln, sonst gibt es ein Wackel-Zappelbild. Anschließend kann das Kind mit Pinsel und Deckfarbe seinen Papier-Zwilling anmalen und ausschneiden. Wohin damit?

Familie
Der Zwilling kommt an die Kinderzimmertür oder an die Wand neben das Bett.

Kindergarten und Schule
An einer langen Wand im Gang oder Treppenhaus haben viele Papierzwillinge Platz.

Andere Bastelideen

- Aus Stoff oder Buntpapier die Kleidung für den Papierzwilling ausschneiden und aufkleben.
- Den Umriß auf feste Pappe malen, ausschneiden und mit eigenen, alten Kleidern anziehen.
- Ein Schattenbild malen: Den Papierbogen an die Wand pinnen, davor eine Lampe stellen und zwar so, daß das Papier von oben bis unten angeleuchtet wird. Das Kind stellt sich vor die Wand, sein Schattenbild fällt auf das Papier und kann nachgezeichnet werden. Am besten sieht es aus, wenn das Kind den Kopf zur Seite dreht und sein Profil im Schattenbild zu sehen ist.

Prima Hände

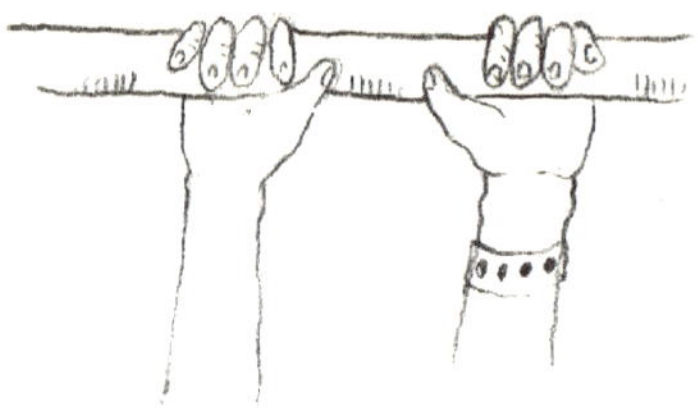

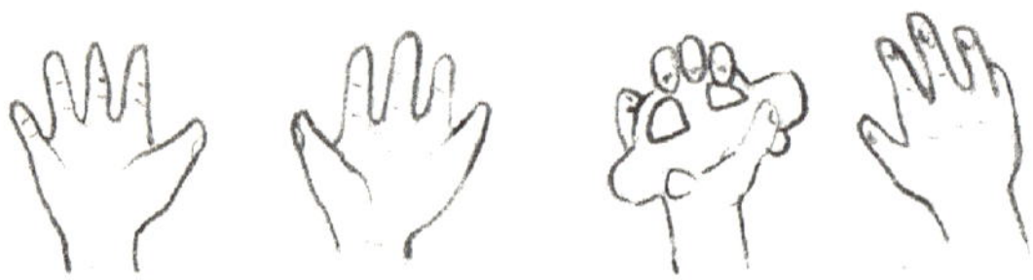

Unsere Hände sind wunderbar praktisch gebaut! Ob klein oder groß, sie können so viele verschiedene Dinge machen. Eine tolle Leistung, die keine Maschine der Welt fertig bringt.

Die Kinder überlegen, wozu sie heute schon ihre Hände gebraucht haben und was sie mit ihnen sonst noch alles machen können. Man kann zum Beispiel mit den Händen Spielzeugautos festhalten und wegschubsen, sich an einer Kletterstange hochziehen und hin und her baumeln, einen Ball werfen und wieder fangen, einen Teddy streicheln und sein Fell knuffeln, Buntstifte halten und Bilder malen ... und noch viel, viel mehr! Diese tollen Hände sind es schon wert, daß man sie mal einen ganzen Tag lang beachtet.

Schau ganz genau

Schauen wir mal unsere Hände ganz genau an. Die Finger, die Fingernägel, die Handinnenfläche, die Falten und Linien, die Hautfarben und Flecken. Ist ein Kratzer drauf, eine Wunde, ein kleiner Riß? Braucht der Finger ein Pflaster? Wie riecht die Hand? Fein und gut oder muß sie gleich mal gewaschen werden? Und wie die Finger zappeln können, sich strecken und krümmen, sich zu einer Faust zusammenballen. Wie die Hände klatschen und die Finger laut auf den Tisch pochen können, und noch lauter klingt es, wenn die Faust auf den Tisch donnert.

Mit Bemerkungen dieser Art können Sie die Kinder neugierig machen. Alles wird auch gleich ausprobiert. Und vielleicht betrachten die Kinder zum ersten Mal ihre Hände ganz bewußt, ganz nah, drehen sie, schnuppern dran und schauen sie an, als hätten sie diese beweglichen Zappeldinger zuvor noch nie gesehen.

Fingertheater

Ja, die Finger können sogar Theaterspielen. Das hier ist ein Pantomime-Theaterspiel und geht so: Einer tut, als würde er zum Beispiel mit Buntstiften malen. Aber er hat weder einen Buntstift in der Hand, noch ein Blatt Papier vor sich liegen. Und trotzdem können die Zuschauer erraten, was die Finger bzw. Hände gerade machen. Wer es errät, ist als nächster dran. Er kann zum Beispiel so tun, als würde er mit der Schere etwas ausschneiden, oder mit Knete spielen oder sein Pausenbrot auspacken und aufessen.

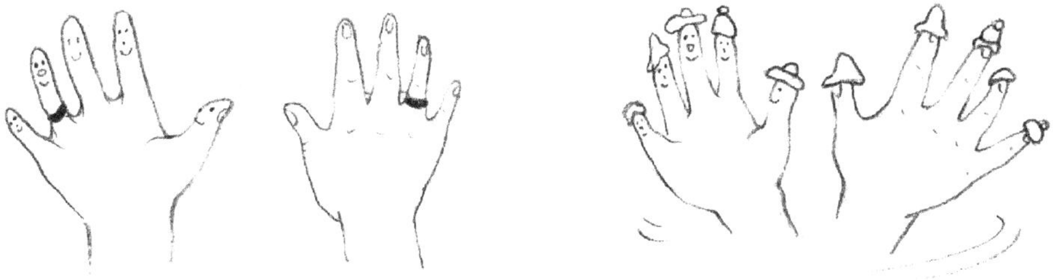

Die Fingerfamilie

Ein Spiel für die Kleinen.
Hat sich die Fingerfamilie schon vorgestellt? Nein? Dann wird es höchste Zeit: Der Daumen, klein und dick, aber sehr kräftig, das ist der Vater. So erzählen es auch die alten Fingerverse. Der Zeigefinger ist die Mutter. In die Höhe gestreckt, paßt sie auf und mahnt, aber sie erlaubt auch das Teig-schlecken und Sahne-naschen und ist höchst persönlich dabei. Der Mittelfinger ist der große, starke Bruder. Der Ringfinger ist die hübsche Schwester, meistens mit goldenen Ringen oder Perlen geschmückt. Und der kleine Finger ist der Jüngste und Frechste, der in allen Fingerversen eine besondere Rolle spielt und die Kinder zum Lachen bringt, wie ein Kasperl.

Fingerspiel

Jetzt ist aus der Hand eine lustige Fingerfamilie geworden. Vielleicht bekommen die Finger kleine Gesichter mit Filzstift auf die Fingerkuppe gemalt oder bunte Knetehütchen aufgesetzt?

Das ist der Vater, lieb und gut,
das ist die Mutter mit dem Federhut,
das ist der Bruder, stark und groß,
das ist die Schwester mit dem Püppchen
auf dem Schoß,
das ist das kleine Kindelein,
und das soll die ganze Familie sein!

Beim Sprechen wird der Reihe nach jeder Finger vorgestellt und mit Hilfe der andern Hand in die Höhe gestreckt. Am Schluß tanzt die Finger-Familie, und die Hand dreht sich hin und her.

Guten Tag, lieber Fuß!

Das gibt ein Krabbeln und Kichern, wenn sich die Kinder zur Begrüßung nicht die Hand, sondern den Fuß geben! Die Fußsohlen sind ja so kitzelig!

Zeigt her eure Füße

So ein Fuß ist ein sportlicher Geselle, er kann auf und ab wippen, sich drehen, gegeneinander klatschen, stampfen, patschen und vieles mehr. Das finden die Kinder selber heraus. Also, Schuhe und Strümpfe ausziehen und ausprobieren! Doch schaut auch mal, wie interessant die Zehen aussehen, und wie sie zappeln können. Welcher Zeh ist am dicksten? Welcher am längsten? Welcher ist krumm? Welcher gefällt dir am besten? Und schau, wie sich der kleine Zeh an den Fuß anschmiegt.

Fuß-Zirkus

Auch die Füße können tolle Sachen machen, zum Beispiel aus Bauklötzen einen Turm bauen, mit einem Malstift zwischen den Zehen ein Bild malen, Kieselsteine in einen Korb werfen oder einen nassen Schwamm in den Wassereimer zielen. Einer macht so ein Fuß-Kunststück vor, die andern applaudieren – natürlich mit den Füßen!

Was ist es?

Kinder können tastend erraten, was sie in der Hand haben, ohne mit den Augen zu schauen. Das können die Füße auch! Der Gegenstand wird in eine Schachtel gelegt, damit er nicht wegrutscht, und die Füße tasten und fühlen, was es ist.

Sockentanz barfuß

Hat der Jonas Socken an oder keine? Da zappeln doch seine Zehen, aber er trägt doch Socken?
Des Rätsels Lösung: Er hat auf seine Füße mit Schminkfarben bunte Ringelsocken gemalt. Das machen die andern gleich nach. Jessica möchte rote Socken mit gelben Punkten. Bitte sehr, jeder Sockenwunsch kann erfüllt werden! Wenn alle Füße Socken tragen, kann der Sockentanz beginnen, barfuß auf der Wiese, und alle Kinder singen mit!

Moderne Kunst

Kreuz und quer wandern die Füße über das große Poster auf dem Boden und hinterlassen bunte Spuren. Die Kinder haben ihre Fußsohlen mit Fingerfarben angestrichen.

Kindergarten und Schule
Wenn viele mitmachen, kann man für so ein Bild eine lange Tapetenbahn nehmen und später das moderne Kunstwerk im Treppenhaus aufhängen. Die Kinder werden es immer wieder stolz betrachten, denn da sind schließlich die Abdrücke ihrer Hände und Füße drauf.

Ich werde immer größer

„Ich bin schon groß!“ betont die kleine Nina mit Stolz und versucht, mit Rekken und Strecken noch ein bißchen größer zu erscheinen. Groß sein ist wichtig, denn mit einem „Bist du aber groß geworden!“ wird Nina von der Oma begrüßt und mit „Das darfst du erst machen, wenn du groß bist!“ wird sie oft bei ihren Vorhaben von der Mama vertröstet. Solche Aussagen lassen die Kinder ahnen, daß das Groß-sein etwas Aufregendes sein muß.

Ein Problem

Dennoch gibt es immer mehr Kinder, die sich vor dem Großwerden fürchten, die Angst vor der Zukunft haben, die lieber klein und unselbständig bleiben und keine Verantwortung für das eigene Leben übernehmen wollen. Das ist schlimm! Denn diese Einstellung blockiert die körperliche, geistige, emotionale und soziale Entwicklung des Kindes.
Wo bleibt die Freude am Leben und Wachsen? Nachfolgend ein paar Anregungen, wie den Kindern diese Begeisterung am „Größer werden“ vermittelt werden kann.

Das Wachsen beobachten

Was ist wachsen und größer werden? Wie geht das? Was passiert da? Die Kinder schauen sich an. Was wächst bei ihnen? Zum Beispiel die Haare: Da werden Zöpfe immer länger und Fransen in der Stirn müssen immer wieder abschnitten werden. Die Fingernägel wachsen auch ganz schön schnell, so daß man sie fast jede Woche schneiden muß. Und die Finger, wachsen diese auch? Klar, das kann man ja mal überprüfen und jeden Monat einen neuen Umriß der Hand zeichnen.
Was verändert sich noch? Ein Gespräch mit den Kindern gibt Aufschluß, zum Beispiel:
Die Füße wachsen, denn die Kinder brauchen immer wieder größere Schuhe. Und der Bauch! Ja, der wächst auch! Denn die Hosen, Röcke und Pullis passen nicht jahrelang, sondern werden eines Tages zu eng und zu klein.

Ausgewachsen und Erwachsen?

Wie gut, daß die Menschen nicht ihr ganzes Leben lang wachsen. Das gäbe ja Riesen, die nicht wüßten, wohin mit ihren riesengroßen Füßen, ohne gleich alles zu zertrampeln. Wie gut, daß das Größerwerden mal aufhört, so im Alter zwischen 15 und 20 Jahren. Dann sind die Kinder fertig mit Wachsen, sie sind er-wachsen. Darüber mit den Kindern zu reden, stimmt sie nachdenklich.

Meine Babysachen

Vielleicht haben Mütter ein paar Babysachen ihrer Kinder aufbewahrt? Das ist ein Spaß, die kleinen Babyschuhe, Söckchen, Höschen und Jäckchen mit den Sachen von heute zu vergleichen. Die Kinder bringen solche Sachen mit und bauen eine Ausstellung auf: Früher – heute! Ja, nun können die Kinder ganz genau sehen, wie sie größer geworden sind.

Wieder ein Stückchen gewachsen!

Und was gibt es noch alles zu messen, zu wiegen und zu vergleichen? Zum Beispiel dies:
Die Haare: Jeden Monat wird eine Portraitaufnahme gemacht; die Frisur zeigt, wie die Haare gewachsen sind.
Die Hand: Auf ein Blatt Papier die Hand legen und mit einem Bleistift rundumfahren. Beim nächsten Mal die Hand auf die gleiche Stelle des Papiers legen und mit einer anderen Farbe den Umriß zeichnen.
Die Füße: Auch hier können die Kinder mit Umrißzeichnungen ihre Beobachtungen machen.
Der Bauch: Ja, der Bauchumfang nimmt zu. Zwar nicht viel, aber immerhin etwas. Dabei sind nicht die vielen Pfannkuchen gemeint, die gerade verspeist wurden und den Bauch in einen Kugelbauch verwandelten. Die Kinder könnten jeweils am 1.Tag im Monat mit einem Wollfaden ihren Bauchumfang abmessen, den Faden in der richtigen Länge abschneiden und aufhängen und die Länge der Wollfäden miteinander vergleichen. Egal, ob es dünne oder dikke Kinderbäuche sind, die da gemessen werden, darum geht es nicht. Jeder Bauch ist schön, das gilt es zu zeigen!
Der Körper: Die Kinder wiegen und notieren immer wieder ihr Körpergewicht. Der Vergleich zeigt, wie der ganze Mensch und sein Körper gewachsen ist.

Wachsen dauert lange

Größer werden braucht ja ewig Zeit! Da geht ein ganzer Tag vorbei und zwei Tage und eine Woche … und immer noch kann man nicht merken, daß man größer geworden ist! Wer es nicht mehr aushält, der sollte auf einer Meßlatte nachschauen, ob er nicht doch ein klein bißchen gewachsen ist. Jeder braucht dazu seine eigene Meßlatte und kann sie auch selber basteln. Die Meßlatte ist eine Holzlatte oder ein langer Pappkartonstreifen, der bunt bemalt und an einer Wand befestigt wird.

Giraffen

Lustiger sieht es aus, wenn eine Giraffe mit langem Hals die Meßlatte ist.

Sonnenblumen

Der Sonnenblumenstengel ist die Meßlatte. Grüne Blätter und gelbe Blütenblätter werden aus Fotokarton ausgeschnitten und auf den Stengel geklebt. Und wenn ein Kind seine Größe mißt, wird an die entsprechende Stelle ein kleiner Marienkäfer aufgemalt, auf seinen Flügeln steht das Datum.

Familie
Zu Hause im Kinderzimmer kann die Meßlatte jahrelang in Gebrauch sein.

Kindergarten und Schule
Eine ganze Giraffenherde oder ein Sonnenblumengarten schmückt die Wand des Gruppenraums.

Kindchen, bist du groß

Text und Melodie: Gerhard Schöne

Ganz am Anfang war ich klein,
paßte in ein Körbchen rein,
lag in diesen großen,
dicken Windelhosen,
pullerte noch ein.
Ach, wie war ich klein!

In den weichen Babyschuhn
schläft mein Lieblingsteddy nun.
Schnuller ist zerbissen,
hab ihn fortgeschmissen.
Das fiel mir nicht schwer.
Bin kein Baby mehr!

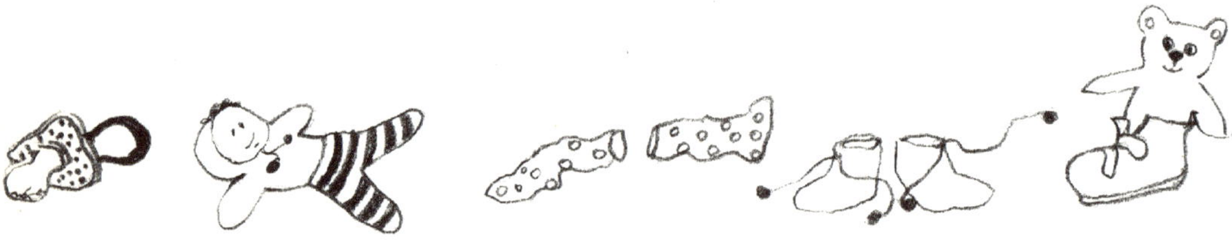

Täglich wachse ich ein Stück.
Opa strahlt vor lauter Glück.
All meine Verwandten
und die Patentanten
staunen immer bloß:
Kindchen, bist du groß!

Supermaschine Körper

Wie geht das Wachsen und Größerwerden? Wenn die Kinder mehr darüber wissen wollen, dann sollten Sie ihnen auch mehr darüber erzählen. Schon mit einfachen Worten kann man die komplizierten und doch so interessanten Vorgänge des menschlichen Körpers erklären. Wenn die Kinder davon hören, werden sie bestimmt ihren Körper bewundern, bestaunen und auf ihn aufpassen wollen, wie man auf eine besonders empfindliche Maschine aufpassen muß. Hier ein Vorschlag, mit welchen Bildern Sie den Kindern das Funktionieren des Körpers veranschaulichen können. Je älter die Kinder sind, desto mehr kann man im einzelnen erklären. Wer will, kann auch mit Kindern in Kindersachbüchern zum Thema „Körper“ blättern und vorlesen.

Wer weiß was?

Wie funktioniert das, wenn man hüpft, mit den Augen blinzelt, einen Apfel ißt, einen Ton summt usw.?
Zuerst überlegen die Kinder selber, was sie darüber wissen! Auch wenn einer die tollsten Dinge erfindet, das macht nichts, sondern trägt dazu bei, daß das Interesse wächst, die Spannung steigt, bis Sie endlich mit Ihrem Wissen herausrücken und davon erzählen, was im Körper, in den man ja nicht hineinsehen kann, alles los ist.
Was Sie den Kindern berichten können, das ist auf diesen und den beiden nächsten Seiten dargestellt. In dieser einfachen, bildlichen Sprache verstehen es die Kinder.

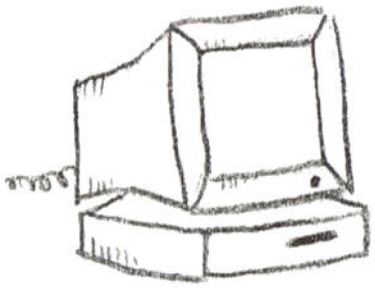

Die Körpermaschine

Computer Gehirn
Hier im Kopf sind unsere Gedanken, die geben auch Befehle an den Körper, zum Beispiel „in die Hände klatschen“! Der Kopf denkt das, die Stromleitung, das sind die Nerven, gibt diesen Gedanken weiter zu den Muskeln der Arme und Hände, die Arme bewegen sich, die Hände zielen aufeinander und klatschen.

Spiel: Die Kinder können sich weitere Handlungen überlegen, zum Beispiel ein Glas Wasser trinken, ein Bilderbuch aufschlagen, sich auf einen Stuhl setzen. Das sind ganz schön komplizierte Abläufe, da muß der Kopf vielerlei Befehle an den Körper geben.

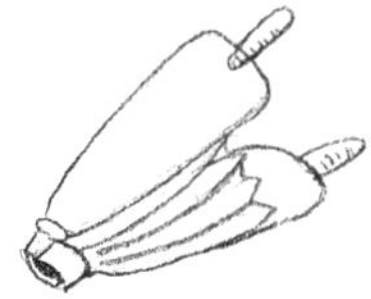

Blasebalg Lunge

Wir brauchen für unsere Körper-Maschine Sauerstoff, den atmen wir ein. Das können wir bewußt machen und tief durchatmen, aber auch unbewußt, zum Beispiel, wenn wir schlafen. Wie praktisch, so müssen wir nicht ständig daran denken, daß wir wieder einatmen sollen!

Die Luft wird in die Lunge gesogen. Von dort aus wird der Sauerstoff von den klitzekleinen roten Blutkörperchen abgeholt, aufgeladen und an alle Stellen des Körpers transportiert. Wenn wir einen Arm bewegen, brauchen und verbrauchen wir Sauerstoff, wenn wir mit den Zehen wackeln, muß dort Sauerstoff sein.

Spiel: Die Kinder spüren, wie sich der Brustkorb beim Einatmen hebt. Sie können bei einem anderen Kind das Geräusch des Einatmens hören, wenn sie ihren Kopf auf dessen Brustkorb legen. Mit einem Stethoskop hört man auch den eigenen Atem.

Pumpe Herz

Schnell malen die Kinder ein Herz. Ja, so etwa sieht auch das Herz in unserem Körper aus. Unermüdlich arbeitet es Tag und Nacht. Was hat es so fleißig zu tun? Es pumpt das Blut im Kreis herum! Vom Herz zum Kopf und wieder zurück und hinunter bis zum großen Zeh und wieder hinauf zum Herz. Und das den lieben, langen Tag. Dieser Motor läuft pausenlos, das ganze Leben lang.

Spiel: Die Kinder hören den Herzschlag, spüren den Pulsschlag, sprechen mit „poch, poch, poch", so schnell, wie der Pulsschlag zu hören ist.

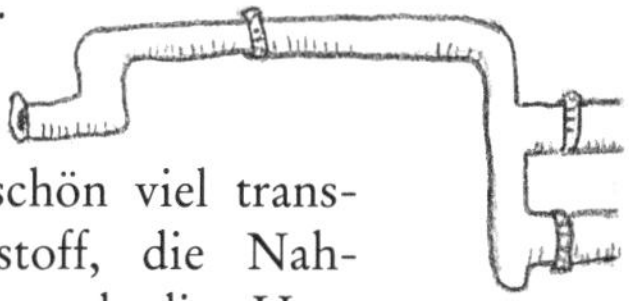

Pipeline mit Blut

Das Blut muß ganz schön viel transportieren, den Sauerstoff, die Nahrungsteilchen, Wasser und die Hormone. Jede Stelle des Körpers wird mit Blut beliefert. Blut brauchen wir zum Beispiel im Kopf, um uns etwas ausdenken zu können, in den Fingern, um spielen zu können, in den Beinen, um hüpfen zu können.

Spiel: An manchen Stellen kann man die Blutbahn als Adern sehen, zum Beispiel an den Armen. Mit dem Finger fahren die Kinder ganz vorsichtig diesen Blutbahnen entlang.

Kraftwerk Magen
Das Essen kommt durch Mund und Speiseröhre in den Magen. Da wird emsig gearbeitet, das Essen wird zerkleinert, zerlegt und in viele Grundstoffe sortiert, die der Körper braucht. Es sind die Vitamine, Kohlenhydrate, Fette, Mineralstoffe und Eiweiß. Weil der Magen das alles nicht schafft, muß der lange Dünndarm noch mithelfen. Dort werden auch die sortierten Grundstoffe ins Blut abgegeben und über die Blutbahn weitergeschwemmt. Was nicht gebraucht und nicht verdaut wird, kommt schließlich in den Dickdarm und dann geht es durch die Ausgangstür, den After, hinaus. Was das ist? Na, das Poloch! Und jetzt werden die Kinder kichern und noch andere „Fachwörter" dieses Körperteils wissen. Genau! Nur keine falsche Scham, jeder Mensch hat es schließlich!

Vorratskammer Leber
Vom Magen und Darm aus geht das mit den Grundstoffen beladene Blut zuerst in die Leber. Diese filtert alle giftigen Stoffe heraus. Gleichzeitig kann sie für den Körper Energie einlagern. Wenn wir uns körperlich tüchtig anstrengen, wird diese Vorratskammer geleert.

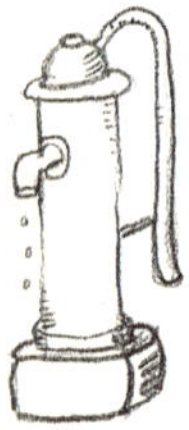

Wasserpumpe Niere
Hier wird das Blut entwässert und das nicht benötigte Wasser in den Zwischentank „Blase" geleitet. Wie es mit dem Pipimachen weitergeht, das wissen die Kinder genau.

Polizeistation Lymphknoten
Die Lymphzellen sind die Geheimpolizei des Körpers, weil man sie nicht sieht wie das rote Blut. Sie schwimmen in einer farblosen Flüssigkeit, und die fließt in extra Bahnen. Wenn Krankheitserreger in den Körper eindringen, zum Beispiel Grippeviren, dann spürt sie die Geheimpolizei auf und holt weitere Abwehrstoffe herbei, um diese Krankheit zu bekämpfen.

Stille Post Hormone
Die Hormone geben wichtige Nachrichten im Körper weiter, als wären sie in einem Brief notiert. Wenn Hormone bei einem Körperteil ankommen, dann weiß dieser, was er zu tun hat, weil es in diesem Brief steht. Hormone steuern zum Beispiel das Wachstum, den Herzschlag und die Atmung. Die Nachricht wird wie eine Rohr-Post mit dem Blut durch die Blutbahnen im Körper verschickt.

Bewegungsapparat Knochen und Muskeln
Wenn wir die Knochen nicht hätten, dann würden wir ganz schön schlaff herumliegen. Und wenn wir die Muskeln nicht hätten, dann könnten wir mit keinem Finger zappeln, nicht Seil hüpfen und nicht mal „piep" sagen. Knochen und Muskeln geben unserem Körper die Form und die Beweglichkeit.

Die Körpermaschine läuft

Wenn eine Maschine läuft, dann wird sie heiß, so zum Beispiel der Motor des Autos oder die Lok der elektrischen Eisenbahn und auch unser Körper. Er hat eine Temperatur von etwa 37°C.

Spiel: Gleich nachprüfen: Jedes Kind mißt unter dem Arm seine Temperatur.

Wenn wir schnell rennen, dann muß unsere Körpermaschine auch schneller und mehr arbeiten. Wir brauchen mehr Sauerstoff, müssen also schneller atmen, und das Blut muß schneller fließen, um die Muskeln mit mehr Sauerstoff zu versorgen.

Spiel: Eine Runde ums Haus rennen, das Atmen beobachten und am Ziel den Pulsschlag messen.

Das können die Kinder an sich selbst beobachten

Die Kinder kennen zum Beispiel Schwitzen und Frieren, Hunger und Durst, Müdigkeit bei Anstrengung, Fieber bei Krankheit, Schlaf zur Erholung. Die Erklärungen dazu können Sie anhand des Modells der Körpermaschine veranschaulichen.

Schule
Wer hat Lust, von dieser „Supermaschine Körper“ eine Planzeichnung anzufertigen? Beim Zeichnen und Konstruieren kommen den Kindern bestimmt weitere Fragen über den Körper. Die Neugierde ist geweckt!

Damit wir leben können

Die Kinder haben nun viel über sich erfahren, wie sie wachsen, größer werden (Seite 24 und 25) und wie aufregend ihr Körper funktioniert (Seite 28 bis 31).
Doch was braucht der Körper, um so toll zu funktionieren und gesund zu bleiben? Ein Thema, das immer wieder beachtet und immer wieder vernachlässigt wird: Die gesunde Ernährung! Für die Kinder sollte dies zum alltäglichen Wissen werden, schließlich müssen sie ja täglich ihre Supermaschine Körper neu damit füllen. Vielleicht gelingt's auf diese Weise?

Die alte Leier: Obst und Gemüse sind gesund!

Klar! Das wissen die Kinder längst und haben es schon hundert Mal gehört. Und trotzdem halten sie sich beim Essen nicht daran, verschmähen den Apfel, lassen das Gemüse auf dem Teller liegen und schieben den Salatteller weg. Warum? Vielleicht weil es die Erwachsenen nicht vormachen und auch vergessen? Oder weil das Obst manchmal recht säuerlich schmeckt und das Gemüse schrecklich langweilig? Fragen Sie doch die Kinder selbst! Die Antworten werden Sie vielleicht auf Ideen bringen, den Kindern die gesunde Nahrung schmackhaft zu machen, im doppelten Sinne des Wortes.

Die Zauberformel

Was ißt du am liebsten? „Pommes mit Ketchup!" „Spaghetti!" „Schokolade!" wild brüllen die Kinder durcheinander, wenn man sie nach ihren Lieblingsessen fragt. Und bei der nächsten Frage, ob das auch ein gesundes Essen sei, wissen die kleinen Schlauberger genau, daß das nicht der Fall ist, daß das ihnen aber trotzdem am allerbesten schmeckt.
Warum verbieten, was so gut schmeckt? Da macht keiner mit! Essen soll Spaß machen, und gutes Essen besonders!
Es gibt eine Zauberformel, die hier weiterhilft. Sie heißt: Von jedem etwas! So einfach ist die Sache: Nicht die Lieblingsspeisen verbieten, sondern den Speiseplan ergänzen! Jetzt sind Pommes und Spaghetti und Schokolade erlaubt – und noch viel mehr! Wichtig ist, daß die Nahrung der Kinder nicht einseitig wird und Mängel aufweist, die sich sofort im Wachstum negativ auswirken. Weil für Kinder solche Wörter wie Kohlenhydrate oder Mineralstoffe fremd sind, können sie auch mit der Information nichts damit anfangen, daß sie diese Nährstoffe über die Nahrung ihrem Körper zuführen müssen. Also, probieren Sie es mal anders, dazu folgende Anregung, die Sie vielleicht auf eine neue, ähnliche Idee bringt. Ziel ist es, die Kindern dafür zu interessieren, daß sie ihre Ernährung bewußt steuern und täglich daran denken. Mit der spannenden Information der Supermaschine Körper (Seite 34 –37) ist das Interesse geweckt, jetzt geht es also um das bewußte „Füttern" der Supermaschine, damit sie weiterhin so toll funktioniert!

Der Lebens-Mittel-Zug

Unsere Nahrung wird in sechs Gruppen eingeteilt:
1. Milch, Käse, Joghurt, Quark usw.
2. Brot, Kartoffeln, Nudeln, Reis usw.
3. Obst
4. Gemüse
5. Wurst, Fleisch, Fisch
6. Tee, Mineralwasser, Saft.

Daraus entsteht ein Lebens-Mittel-Zug mit sechs Waggons. Jeder Waggon ist mit einer dieser Lebens-Mittel-Gruppen beladen. Die Kinder malen diesen Zug mit den Nahrungsmitteln. Sie können diese auch aus Zeitschriften ausschneiden und auf ihre Waggons kleben. Jedes Kind sollte einen Lebens-Mittel-Zug haben, damit es dieses Bild nach Hause nehmen, übers Bett hängen und täglich selber nachprüfen kann, ob es seinem Körper alles Notwendige gegeben hat!
Die Spielregel heißt so: Jedes Kind muß an jedem Tag von jeder Waggonladung etwas nehmen. So haben die Kinder einen abwechslungsreichen Menüplan und mit großer Wahrscheinlichkeit ausreichend viel Kohlenhydrate, Eiweiße, Fette, Vitamine, Mineralstoffe, Proteine und Ballaststoffe zu sich genommen. Dann können die Pommes und Spaghettis keinen Schaden anrichten.

Eine Woche lang üben

Was man tut, um sich gesund zu ernähren, das sollte anfangs mit den Kindern geübt werden, zum Beispiel so: Jedes Kind malt den Zug mit den sechs Waggons und den Nahrungsmitteln, die in den Waggons verladen sind. Das ist wichtig, zum Nachschauen und Vergleichen. Dann wird dieses Blatt mehrmals kopiert. Jetzt kann das Kind eine Art Tagebuch führen und täglich in die Waggons eintragen bzw. reinmalen, was es den lieben langen Tag über gegessen hat. Die Nahrungsmittel müssen in die entsprechenden Waggons gemalt werden, damit das Kind selbst feststellen kann, ob es an jede Waggonladung, also jede Nahrungsmittelgruppe, gedacht hat.

Selber aufpassen

Nach dieser Woche kann jedes Kind selber aufpassen, daß es täglich von jedem der sechs Lebensmittelwaggons etwas nimmt. Es weiß, daß sein Körper verschiedene Lebensmittel braucht, damit es gesund bleibt und spielen, singen, schaukeln, brüllen und rennen kann. So verstehen es die Kinder.

Zwei Augensterne

Kulleraugen

Schau, da kullern die kleinen Kinderaugen hin und her, im Kreis herum und auf und ab! Das ist ja die reinste Augenturnstunde! So ein Augentraining, sagen Augenärzte, tut den Augen gut und sollte immer wieder gemacht werden.
Und wer kann ein Auge schließen, ohne die Hand zur Hilfe zu nehmen? Das sollten die Kinder auch üben und „Gratulation“, wenn es glückt!

Das Augenpaar

Wie gut, daß wir zwei Augen haben. Warum? Das zeigt dieses Spiel: Den Kopf gerade halten und einen Arm vor dem Körper hin und her pendeln. Da ist gut zu sehen. Dann ein Auge schließen oder zuhalten. Wieder mit dem Arm vor dem Körper hin und her schwingen, und da verschwindet er auf einer Seite aus dem Blickfeld. Ja, wenn wir einen großen Rundumblick haben wollen, dann brauchen wir beide Augen.

Weitblick und Rundumblick

Ein lustiges Augenspiel für Kinder: Wie weit kannst du nach links und rechts sehen, ohne den Kopf zu drehen? Also: Wie weit reicht der Blickwinkel deiner Augen? Eine Orientierung im Zimmer hilft, diesen Weitwinkel der Augen herauszufinden. Vielleicht reicht der Blick vom Fenster bis zur Türe? Ein toller Rundumblick.
Noch spannender ist diese Erkenntnis: Mit den Augen können wir viele Kilometer weit sehen, zum Beispiel das Flugzeug am Himmel, das mehrere Kilometer entfernt hoch oben in der Luft fliegt. Wir können sogar die Sonne, den Mond und Sterne sehen, und die sind wirklich unendlich viele Kilometer weit weg, zum Teil so weit, daß keine Rakete dorthin fliegen kann. Und dennoch können wir die Gestirne sehen – weil wir so gute Augen haben.
Und dann können wir auch ganz, ganz nah etwas sehen, zum Beispiel die kleine Ameise, die über den Weg rennt, oder ein kleines Samenkörnchen einer Blume und sogar den Staub in der Luft. Was die Augen alles können! Das Spiel geht weiter: Viele Dinge in der Ferne und Nähe werden gesucht und beschrieben, und „Ich seh etwas, was du nicht siehst“ wird zum Nah- und Fernblick-Spiel: Ich seh etwas in der Ferne, und das ist grün! Ich seh etwas ganz in der Nähe, und das ist schwarz!

Sich tief in die Augen schauen

Hab ich helle, blaue Augensterne oder dunkle, braune Glitzeraugen? Augen können lachen, lustig funkeln, ernst blikken, scharf spähen, lieb gucken, böse mustern, frech zwinkern, verträumt und verschlafen sein. Wer will, kann das vor dem Spiegel mal ausprobieren!

Familie
Sich lange in die Augen schauen, was für ein schönes Spiel! So ein Blick, voller Zuneigung und Vertrauen, voller Gefühle und Herzlichkeit, das ersetzt viele Worte. Das Spiel „Sich lange liebevoll in die Augen schauen" vermittelt mehr, als nur den Blick. Es gibt dem Kind Geborgenheit, es fühlt sich angenommen, geliebt, beachtet und ist dabei sehr, sehr glücklich.

Wörter sammeln

Die Wörter, mit denen man Blicke beschreibt, sind sehr lebendig! Augen können sprühen, funkeln, blitzen und strahlen; oder gaffen, gucken, beobachten und betrachten; oder zucken, blinzeln und blitzen; oder bitten, fragen, sprechen, auch weinen. Ja, so ausdrucksstark sind unsere Augen!

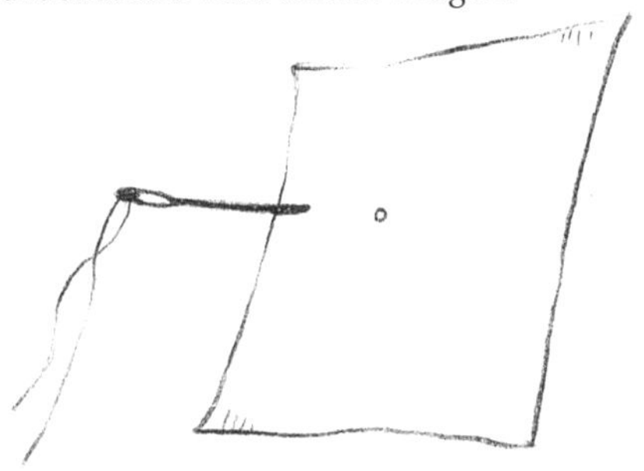

Farbige Augen

Was wir in unseren Augen betrachten, heißt Irishaut oder Regenbogenhaut, weil

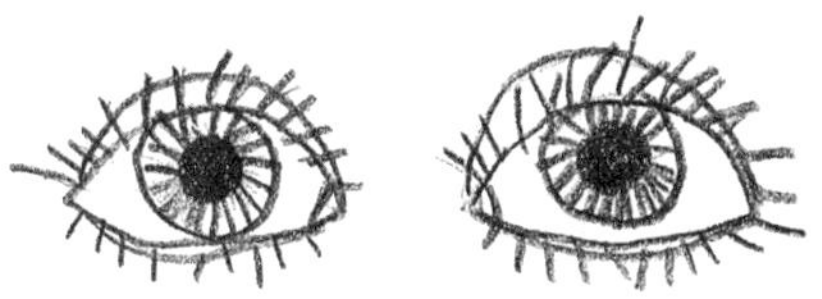

die Augenfarben so bunt sind, zum Beispiel hellblau, dunkelblau, wasserblau, braun, fast schwarz, grün, gelb, gefleckt. Eine Hilfe zum genauen Schauen ist das Malen. Wer will seine Augen abmalen, mit Pupille und Wimpern? Das geht natürlich nur mit einem Spiegel.

Das Schlüsselloch zur Welt

Wenn wir die Sache mit den Augen und dem Sehen „unter die Lupe nehmen", dann wird sie erst spannend. Denn es ist der kleine, schwarze Punkt, mitten im Auge, durch den wir in die Welt spicken. Es ist die Pupille. Kaum zu glauben, durch so ein kleines Loch können wir die ganze Welt sehen, von der Ameise bis zur Sonne! Wer schon mal durch ein Schlüsselloch geschaut hat, der weiß, daß man da ein ganzes Zimmer überblicken kann.
Dazu ein Guckloch-Modell: In einen Karton wird mit einer Ahle ein Loch gebohrt. Wer sich ein Auge zuhält und mit dem andern durch das Loch schaut, der wird staunend bemerken, daß man sogar große Häuser und Bäume und noch viel mehr sehen kann!

Zwei Ohrmuscheln

Um die Ecke hören

Mit den Augen können wir auf hohe Berge blicken, aber hören, was die Kletterer auf dem Berggipfel miteinander sprechen, das können wir nicht! Dafür können wir mit den Ohren hören, was in dunklen Räumen passiert, wir können sogar um die Ecke und durch Mauern hören! Auf der Straße können wir ein Auto hören, obgleich es erst Minuten später um die Ecke kurvt, hinter der Spielplatzmauer hören wir die Kinder Fußball spielen und hinter der Küchentür die Mutter mit den Tellern klappern. Die Kinder sammeln noch mehr Beispiele, was sie hören, aber nicht sehen können!
Daraus wird ein Spiel: Einer schließt die Augen und hört und rät, was ein anderer im Zimmer macht, zum Beispiel, ob er ein Fenster öffnet, einen Wecker aufzieht oder ein Glas Wasser eingießt.

Kannst du mich hören?

Wie weit können wir nun wirklich hören? Das wird bei diesem Experiment ausprobiert, am besten draußen auf einer Wiese. Einer hört, der andere ruft etwas und entfernt sich dabei immer mehr, bis sein Rufen nur noch ganz, ganz leise zu hören ist. Die Entfernung kann bis zu 300 m betragen.

Kannst du nicht hören?!

So sagt der Erwachsene zum Kind, das nicht folgt, also nicht das tun, was der Erwachsene von ihm verlangt. Da ist etwas durcheinander geraten! Denn hören kann das Kind sehr gut, aber tun will es das nicht!

Schule
Ein interessantes Gespräch kann entstehen, wenn die Kinder folgende Begriffe miteinander vergleichen und ähnliche Wort-Paare finden:

zuhören - aufhören
anhören - abhören
hinhören - weghören
überhören - umhören

Mikrofon im Ohr

Unser Ohr ist eine tolle technische Anlage, sehr kompliziert gebaut, aber prima konstruiert, und doch so winzig klein:
1. Töne sind Schwingungen. Das kann man mit einem Gummiring anschaulich zeigen. Er wird zwischen zwei Finger gespannt und gezupft. Ein leiser Ton ist zu hören. So wie das Gummiband nun schwingt, schwingt die Luft weiter und erreicht als unsichtbare Luftwelle das Ohr.

2. Die Ohrmuschel fängt die Schwingung der Töne auf. Wer die Hände hinter die Ohren hält und die Ohrmuscheln vergrößert, kann noch besser hören.

3. Die Luftwelle gelangt in das Ohr, prallt auf das Trommelfell und versetzt dieses in Schwingung. Ja, innen im Ohr haben wir ein kleines, dünnes, sehr empfindliches Häutchen, straff gespannt wie das Fell einer Handtrommel. Deshalb nicht mit Gegenständen im Ohr bohren. Wenn das Trommelfell reißt, ist man auf dem Ohr taub.

4. Die Schwingung des Trommelfells wird an drei ganz kleine Knöchelchen weitergegeben. Diese haben lustige Namen wie Hammer, Amboß und Steigbügel und sehen auch so aus.

5. Im Innenohr ist eine Gehörschnecke, diese nimmt jetzt die Schwingung mit winzig kleinen Härchen auf. Das sieht vergleichsweise so aus, wie wenn man über das Fell des Plüschbärs bläst und die kleinen Fellhärchen sich dabei bewegen.

6. Diese Härchen geben die Schwingung an den Hör-Nerv weiter.
Nun fließt der Ton in den Nerven weiter, wie Strom in der Stromleitung, bis zum Gehirn. Und erst jetzt kann man den Ton wahrnehmen, also hören.

Kluges Köpfchen

Wie das Denken und Lernen im Kopf passiert, das wird die älteren Kinder interessieren. Da gibt es viel zu staunen und zu bewundern. Und wenn die Kinder erfahren, was für einen tollen Computer sie in ihrem Kopf haben, na, da ist das Lernen plötzlich eine ganz neue und hoch interessante Angelegenheit. Dazu Anregungen für ein Gespräch mit eifrigen Computer-Technikern (siehe auch Seite 34).

Computer im Kopf

Wenn wir denken und phantasieren, passiert das in unserem Kopf mit Worten und Sätzen, mit Gefühlen und mit Bildern. Ein komplizierter Vorgang, den man vereinfacht so erklären kann: Alles, was wir sehen, hören, fühlen oder sonstwie wahrnehmen, wird mit Nervenzellen an das Gehirn weitergeleitet. Man könnte auch sagen mit elektrischen Leitungen, wie Stromleitungen, in den Kopf als Schaltzentrale weitergeleitet. Dort wird sortiert, ob es etwas Bekanntes oder Unbekanntes ist. Und Lernen heißt, etwas Neues einspeichern, also in den Gehirnzellen ablegen. Wissen und sich erinnern heißt, daß im Gehirn etwas eingelagert ist. Da gibt es dann Erlebnisse, Gefühle, Worte und Sachen, die wir nie mehr vergessen, an die wir uns immer erinnern können. Andere Dinge merken wir uns nur kurze Zeit, dann werden sie wieder vergessen und im Kopf-Computer gelöscht. Unser Computer-Gehirn ist eine tolle Sache und viel, viel besser als der beste und größte Computer der Welt!

Computer-Test

Wollen die Kinder mal ihr Computer-Gehirn testen, ob es gut funktioniert? Nichts leichter als das:
Auf dem Tisch liegen ein paar Gegenstände. Alle schauen sich die Dinge an und machen sich dabei bewußt, daß ihr Lernspeicher im Kopf jetzt die Dinge aufnimmt, mit anderen Worten: auswendig lernt. Dann schließen alle Kinder die Augen, und der Spielleiter nimmt einen Gegenstand weg. Welcher ist es? Beim Raten denken die Kinder auch bewußt daran, wie ihr Gedächtnis funktioniert, also daß der Computer im Gehirn nun alle Dinge auf dem Tisch mit denen, die er vorher wahrgenommen und gespeichert hat, vergleicht und so den vermißten Gegenstand herausfindet!

Der Lern-Daten-Speicher

Wenn wir etwas lernen wollen, dann geht das auch über die Computer-Anlage unseres Gehirns. Das Neue, Unbekannte wird dort gespeichert und steht als Erinnerung immer wieder zur Verfügung. Wie praktisch! So müssen wir nicht immer wieder alles neu lernen.

Wieviel Wörter sind im Gedächtnis drin?

Unser Gedächtnis ist ein Wunderwerk. Das kann man den Kindern mit diesem Spiel verdeutlichen: Vor den Kindern liegen viele kleine Zettel. Darauf schreiben sie Wörter oder malen Gegenstände wie Ball, Blume, Tasse, Vogel usw.
Vielleicht drei Minuten lang malen und schreiben die Kinder, das ist für sie eine lange Zeit. Alle ausgefüllten Zettel werden in einer großen Schachtel gesammelt. Jetzt kommt der zweite Teil des Spiels: Die Zettel werden einzeln hervorgeholt, und die Kinder sagen, was darauf zu sehen oder zu lesen ist. Zum Schluß liegt der Zettelberg auf dem Tisch.
Der dritte Teil des Spiels macht die Lern-Leistung deutlich: Das alles wissen wir! So viel haben wir gelernt und gesehen, so viele Wörter kennen wir! Und eigentlich wissen wir noch viel, viel mehr. Würden wir alles aufschreiben oder malen, dann gäbe es haushohe Zettelberge, höher als der Kirchturm! Und das alles ist in unserem Kopf als Erinnerung aufgehoben, so daß wir es nicht mehr vergessen. Und jeden Tag lernen wir etwas Neues dazu. Ein ganzes Leben lang.

Kinder sind Weltmeister im Lernen!

Das können wir den Kinder schon verraten, daß sie in jungen Jahren am besten lernen können, viel besser und schneller lernen als Erwachsene! Gratulation! Darüber können die Kinder sich freuen! Zum Lernen gehört auch neugierig zu sein, viel fragen und wissen wollen! Ein Kind, das wißbegierig ist und uns mit seinen vielen Warum-Fragen vielleicht sogar nervt, das verfügt oft über eine hohe Intelligenz. Wir sollten es fördern und alle Fragen, so gut es geht, beantworten, damit es viel lernen kann!

Der Kopf kann viel Lernen

Toll, wie unser Computer im Kopf gut schaltet und wie viel er speichern kann. Er kann mit unendlich vielen Wörtern, Geschichten, Bildern, Gefühlen, Erfahrungen und Erlebnissen gefüttert werden. Da läuft er auf vollen Touren, kann alles aufnehmen, zuordnen, abspeichern und wieder hervorholen, wenn danach gefragt wird. Ein Kind kann mit seinem Lern-Computer im Kopf prima spielen, wenn es ihm viel zum Speichern, also zum Lernen gibt!

Da gibt es noch etwas: Gefühle

Gefühle spüren

Gefühle sind ganz unterschiedlich zu spüren: Ein Kribbeln im Bauch vor Aufregung, rote Ohren vor Scham, leuchtende Augen vor Freude, zitternde Beine vor Angst, Tränen beim Weinen, Bauchweh beim Lachen, geballte Fäuste vor Wut, und am allerschönsten ist für Kinder das Umarmen vor Glück!
Sprechen Sie mit den Kindern über die Gefühle, wie man sie spürt, wie es einem dabei geht, welche Gedanken man dazu hat, welche eigenen Erlebnisse und Erfahrungen es dazu gibt. Wer will, darf erzählen.
Über Gefühle zu reden ist für Kinder anfangs nicht einfach, denn sie haben wenig Worte zur Verfügung, um das alles auszudrücken, was sie fühlen und spüren. Das Gehirn hat einen eigenen Speicher für Gefühle, die Sprache hingegen ist in einem anderen Teil und wird wie ein Übersetzer benützt. Doch diese emotionale Sprache kann gelernt werden. Dazu verhelfen die Spiele auf dieser Seite.

Gefühle sehen

Man sieht es den meisten Menschen an, welche Gefühle sie haben. Mit Mimik und Gestik drücken sie es aus. Die Kinder sind sensibel für diese nonverbale Sprache und verstehen sie recht gut. Sie sind gute Beobachter und gute Nachahmer. Beide Fähigkeiten werden in diesen Spielen geübt.

Spielkarten
Die Kinder suchen in Zeitschriften nach Abbildungen von Gesichtern, lachende, singende, weinende, schimpfende, schreiende, grinsende, glückliche, traurige, wütende Menschengesichter. Diese Bilder werden ausgeschnitten und auf Karten geklebt. Schon während dieser Bastelarbeit können interessante Gespräche geführt werden. Wollen Sie auch wissen, was die Kinder beim Anschauen dieser Fotos denken? Dann fragen Sie, zum Beispiel so: Was meinst du, warum lacht der Junge so vergnügt? Schau, wie das Baby weint, was ist wohl passiert? Die beiden Mädchen sind gut gelaunt, was haben sie vor?
Jeder sagt, erzählt oder kommentiert das, was er selber denkt und fühlt.

Spielregeln

Es gibt viele Spielvarianten dieses Kartenspiels, entscheiden Sie mit den Kindern, was am besten gefällt. Hierzu Anregungen:

- Eine Karte wird aufgelegt, und ein Kind erfindet und erzählt eine Geschichte dazu. Es beschreibt auch das Gefühl, die Stimmung oder die Laune, die auf dem Gesicht zu sehen ist.
- Zwei oder drei Karten werden auf den Tisch gelegt, und wieder erfinden die Kinder dazu Geschichten.
- Eine Karte wird aufgedeckt, und die Kinder einigen sich auf das Gefühl, benennen und begründen es.

Gefühle spielen

Das ist ein lustiges Pantomime-Ratespiel. Einer spielt eine Stimmung vor, er kann dabei sitzen, gehen oder stehen und zieht dabei ein Gesicht, daß die Zuschauer die Stimmung erkennen können.

Für kleinere Kinder

Die kleinen Kinder brauchen kurze Geschichten, um in die entsprechende Stimmung zu kommen und diese Stimmung den anderen vorzuspielen.

Ein Beispiel dazu: Gespielt und geraten werden soll das Gefühl „sich freuen“. Das kann dem kleinen Spieler mit dieser Szene beschrieben werden:

Stell dir vor, du bist zu einem Kindergeburtstag eingeladen und freust dich ganz doll auf den lustigen Spielnachmittag. Jetzt machst du dich auf den Weg zum Fest und zeigst dabei den andern, wie sehr du dich darauf freust!

Das kann sich das Kind vorstellen, und nun fällt es ihm leicht, im Raum umherzuwandern und den andern mit seiner Mimik die Freude zu zeigen.

Für größere Kinder

Die größeren Kinder brauchen diese Animation nicht mehr, ihnen kann man einfach die Worte ins Ohr flüstern oder, wenn sie schon lesen können, auf einen Zettel schreiben. Der Spieler spielt die Stimmung vor, die andern raten!

Mit allen Sinnen genießen

Wir können hören und sehen, schmecken und riechen, fühlen und tasten. Sicher kennen Sie viele Spiele für diese Sinneswahrnehmung oder Übungen für die Sinnesschulung. Am beliebtesten sind die Ratespiele dazu, zum Beispiel die Memorys zum Hören oder Fühlen oder Riechen, Tastwege für Hände oder Füße, Säckchen zum Schnuppern oder Fühlen.
Auf dieser Seite sind Spiel- bzw. Bastelideen zusammengetragen, bei denen es weniger um Lernen und Raten, sondern einfach um das Genießen dieser Sinne geht.

Farbenfenster

Auf das Glas eines Fensters werden viele, verschieden farbige, transparente Folien geklebt. Wer will eine rosarote Welt sehen? Wer will einen blauen Garten oder eine lila Wolke betrachten?
Der braucht nur ans Farbenfenster gehen, durch die entsprechende Farbfolie zu schauen, und schon ist die Welt farbenfroh verzaubert.

Klang-Gang

Das ist eine Idee, wie man einen langweiligen, langen Gang zur beliebtesten Wegstrecke macht. Von der Decke herab hängen an unterschiedlich langen Schnüren und bunten Bändern verschiedene klingende Dinge, zum Beispiel

- Glocken: große und kleine Glöckchen und Glocken, Ton-Blumentöpfe mit Klöppeln aus Perlen,
- Klapperbüchsen: Dosen oder Blechbüchsen mit ein paar Steinchen, getrocknete Erbsen oder Perlen gefüllt, so daß es schön klappert
- Klangstäbe: unterschiedlich lange Metallrohre oder Holzstäbe, die klangvoll aneinanderschlagen
- Rasselketten: Perlen, Nägel, Schrauben und andere Klimpersachen werden an einer Schnur aufgefädelt oder festgeknüpft und so dicht nebeneinander gehängt, daß sie klimpernd aneinander stoßen

Tast-Kissen

Es werden viele Kissen aus unterschiedlichen Stoffen genäht, zum Beispiele aus feiner Seide, zartem Tüll, weichem Fell, kuscheligem Nickistoff, warmem Wollstoff, dickem Strickstoff. Hauptsache, viele verschiedene Stoffe sind dabei. Sie werden in gleichgroße Quadrate geschnitten, etwa 30 x 30 cm, und zusammengenäht. Wenn die Kissen in der Kuschelecke liegen, gibt es viel zum Fühlen, Tasten, Kuscheln und Wohlfühlen.

Fühl-Decke

Wenn man alle Kissen zu einer Decke zusammennäht, dann ist es ein tolles Gefühl, sich mit dieser Decke einzuwickeln, den Kopf auf die Lieblingsstelle zu legen, mit den Händen über die Decke zu streichen und immer wieder tastend auf Erkundungsreise zu gehen.

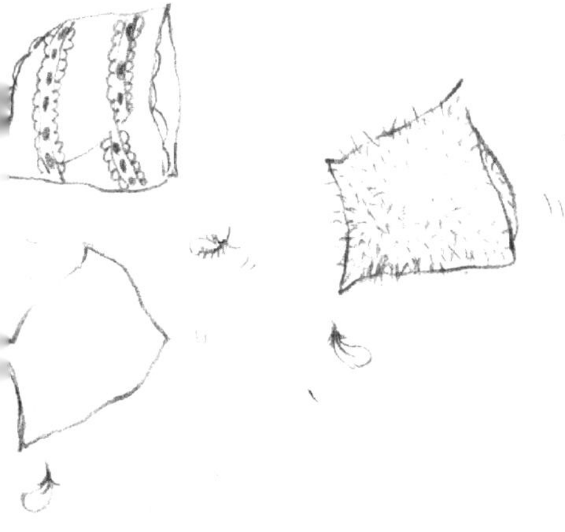

Nasch-Häppchen

Sobald Obst und Gemüse in kleinen Stückchen zum Naschen angeboten werden, ist der Teller im Nu leer. Wie kommt das nur? Diese Frage läßt sich nicht beantworten, aber diese Tatsache kann man sich zu Nutzen machen. Stellen Sie täglich einen großen Teller mit Rohkost bereit, randvoll gefüllt mit Obst, Gemüse und Nüssen, zum Beispiel Äpfel, Birnen, Kirschen, Mandarinen, Rosinen, Walnüsse, Haselnüsse, Erdnüsse, Paranüsse, Möhren, Kohlrabi, Paprika, Gurke. Alles fein geschnitten in kleine Würfelchen oder schmale Streifen, dünne Rädchen oder zarte Scheibchen.

Immer wieder liegt etwas anderes, je nach Jahreszeit, auf dem Teller, zum Probieren, Kosten, Naschen, Schmekken, Riechen, Vergleichen und Genießen. Die Kinder werden sicher „auf den Geschmack kommen". Klar, daß sie auch bei der Zubereitung helfen, denn das Schneiden, Schnippeln und Schnipseln macht großen Spaß!

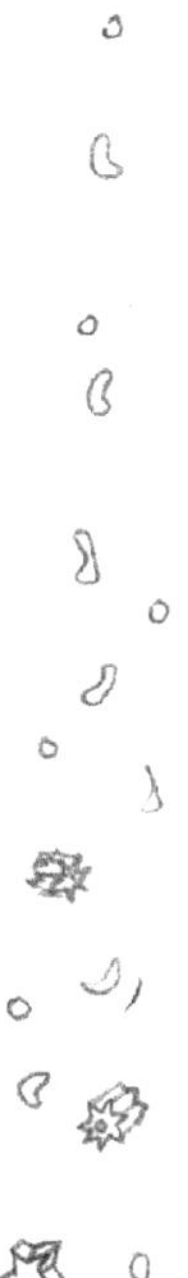

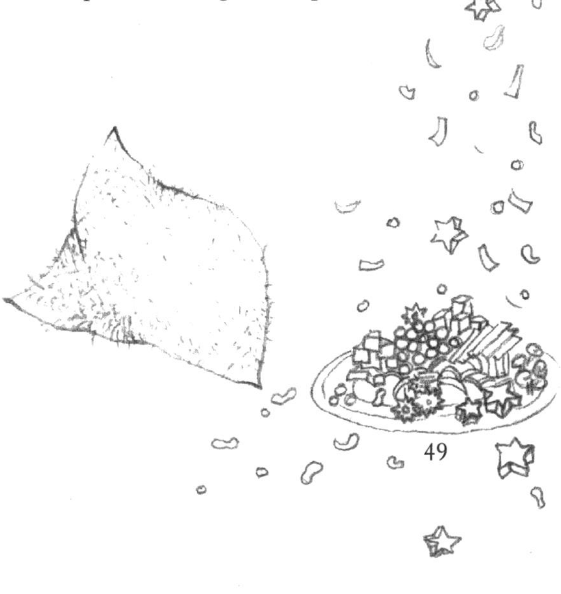

2. Kapitel

Was ich alles kann

Hüpfen und Rennen

Wie stolz ist ein Krabbelkind, wenn es endlich stehen kann. Die Freude ist groß, und der kleine Wicht probiert überall seine neu erworbene Fertigkeit aus. Er turnt begeistert an Tischen, Bänken und Treppen, an allen möglichen und unmöglichen Stellen.
Etwas später kommen weitere „Kunststücke" hinzu, zum Beispiel auf einem Bein stehen, mit beiden Beinen gleichzeitig in die Höhe springen, über einen Baumstamm balancieren oder einen Purzelbaum machen. Da kommt der Zirkus Hoppsassa gerade recht:

Zirkus Hoppsassa

Jeder Zirkuskünstler denkt sich etwas Besonderes aus, was er den andern vorführen möchte:

Der Clown mit roter Pappnase und einer zu großen Jacke steht auf einem Bein, manchmal fällt er dabei um, manchmal wechselt er aufs andere Bein. Zum Schluß plumpst er auf seinen Po, macht eine Grimasse und krabbelt auf allen Vieren aus der Arena. Lachend geben die Zuschauer Applaus.

Die Seiltänzerin hat ein feines Tüllröckchen um die Hüfte gebunden und ein Papierschirmchen in einer Hand. So balanciert sie auf einem Turnseil, das auf dem Boden liegt. Einfach ist das auch nicht, sie muß nämlich mit kleinen Schrittchen auf dem dicken Seil geradeaus gehen.

Der Jongleur im Glitzerhemd spielt mit einem Ball: Hochwerfen, auffangen, auf den Boden prallen, hochwerfen und in die Hände klatschen, den Ball prellen und wieder auffangen. Das alles ist ganz schön schwierig.

Die Radfahrer mit bunten Schildmützen drehen auf ihren Rädern ein paar Runden. Dazwischen rollern Rollerfahrer mit flatternden Bändern an der Lenkstange.

Der Gewichtheber mit rotem Ringelhemd hat es schwer. Er muß viele bunt beklebte Schuhschachteln übereinander stapeln und hochhalten. Er schwitzt und hat ein Handtuch um den Hals.

Der Akrobat in knallbunten Leggins rollt einen großen Rhythmik-Reifen in die Manege und hechtet mit Schwung durch den rollenden Reifen.

Es gibt viele Künstler im Zirkus Hoppsassa. Jeder führt das auf, was er gerade kann. Alle haben sich mit tollen Sachen aus der Theaterkiste verkleidet. Das macht Stimmung bei den Zuschauern, und der Applaus ist gewiß!

Wilde Turnstunde

Hier ist der kleine Zappelmann voll in seinem Element, er kann hüpfen und springen, bis er außer Puste kommt. Es gefällt Kindern, sich mal so richtig anzustrengen, um sich dann erschöpft und außer Atem auf den Boden zu legen, aber mit strahlenden Augen und einem glücklichen Lächeln! Wie sieht so eine wilde Turnstunde aus? Es kommt ganz darauf an, wo diese Turnstunde stattfindet, im Garten, im Hof, auf einer Wiese, in der Turnhalle. Die Kinder schauen sich um und bauen im Kreis eine Hindernisbahn auf. So kann einer nach dem andern seine Runden drehen. Hindernisse können Kletter- und Turngeräte sein, aber auch Tische und Stühle, Kartons und Schachteln, Reifen und Krabbeltunnels, Seile und Bälle, Kissen und Bauklötze. Die Kinder bestimmen, ob man drüber springen, drunter kriechen, durchkrabbeln oder drum herum rennen muß, und vereinbaren miteinander die Spielregeln.

Zauberstraße

Die Zauberstraße kann man in jedem Gang, Kinderzimmer oder Gruppenraum mit zwei bunten Klebebändern auf den Boden kleben, so lang wie möglich, mit einen Abstand von etwa 60 – 80 cm. Und was passiert damit?
Jeder, der durch diese Straße wandert, ist verzaubert und muß sich auf eine ganz bestimmte Weise vorwärts bewegen. Jeden Tag wird eine neue Zauber-Regel festgelegt, zum Beispiel hüpfen, krabbeln, kriechen, rennen, rückwärts, vorwärts, auf einem Bein hüpfen, im Seitgalopp, im Zickzacksprung, mit Riesenschritten, mit Froschhüpfen, im Entenwatschelgang.
Und wer sich austoben will, bitte sehr, die Zauberstraße ist dafür bestens geeignet!

Noch eine letzte Runde

Spornen Sie die Kinder an, auch wenn die kleinen Sportler schon außer Atem sind, daß sie vielleicht nochmal eine Runde schaffen. Dann aber gibt es lautstarken Applaus!

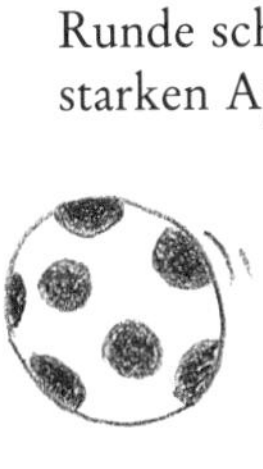

Singen und Pfeifen

Da strahlen die Kinderaugen, wenn Sie ein Lied anstimmen zum Mitsingen, Tanzen, Drehen und Spielen. So gefällt es den kleinen Kindern. Wenn sie größer werden, nimmt diese Begeisterung fürs Singen ab – sagen manche. Stimmt nicht! Denn zu beobachten ist dies:
Wenn die Kinder älter sind, wird das Wiegenlied mit einer Gutenacht-Geschichte ausgetauscht, der Ringelreihen-Tanz ist nicht mehr angebracht, und immer nur vom kleinen Tanzbär oder dem Bi-Ba-Butzemann zu singen, das macht dem Erwachsenen keinen Spaß, er läßt es bleiben. Und dann? Wen wundert es also, wenn die Kinder schließlich auch nicht mehr singen, und ihre Freude für Spiellieder und Kindertänze vergeht. Das ist Kinderkram, sagen die Großen.
Dabei ist eines gewiß: Singen, Musizieren und Tanzen fördert die Intelligenz der Kinder, Versuche mit Vorschulkindern machen das deutlich. Wenn das die eifrigen Eltern wüßten!
Es liegt also auch an Ihnen, ob die Kinder gerne singen und tanzen. Sie machen es vor, die Kinder machen es nach.

Mit Bärenstimme und Affengeheul

Neue Lieder und Liedstrophen zu lernen, das kann ganz schön langweilig werden! Muß es aber nicht, wenn man das Lernen mit viel Abwechslung gestaltet. So macht es Spaß:
Sie erzählen zuerst den Inhalt des Liedes als kleine Geschichte.
Dann lesen sie die Strophen vor, wie ein Gedicht. Mit Ihrer Mimik und Gestik wird daraus eine lustige kleine Theater-Szene, bei der die Kinder aufmerksam zuhören und amüsiert zuschauen.
Nun wird die Melodie vorgestellt. Klar, daß nur die erste Strophe gesungen wird. Diese wird dann zum Beispiel mit der tiefen Stimme eines Bären gesungen, dann mit der Pieps-Stimme eines Mäuschens, dann wird die Strophe flüsternd vorgetragen, als wäre es ein Geheimnis, dann mit Löwengebrüll, Papageiengelächter, Affengejohle! Wetten, daß zum Schluß auch der kleinste Sänger die erste Strophe lauthals mitsingen kann?!

Und wie geht es weiter?
Jeden Tag kommt eine neue Strophe dazu und wird auf die gleiche lustige Art von den Kindern gelernt. Sicher haben die Kinder auch prima Ideen, auf welche Weise man das Lied singen kann, zum Beispiel laut wie ein Räuber, kichernd wie ein Kasperle, krächzend wie ein Rabe, heulend wie der Wind.

Liederbuch selbstgemacht

Die Lieder, die dem Kind gut gefallen, werden mit Noten und allen Strophen kopiert. Diese Liedblätter kann das Kind mit schönen Bildern schmücken. Nach einiger Zeit wird daraus ein richtiges Liederbuch, selbstgemacht und bunt illustriert, mit lauter Lieblingsliedern.

Der große Hit: Eine eigene Lieder-Cassette

Was für eine tolle Idee, mit den Lieblingsliedern der Kinder eine Hörcassette zusammenzustellen. Na klar, ihre Lieblingslieder singen die Kinder selber! Die einzige Mühe ist, den Cassettenrecorder aufzustellen. Schnell noch ein paar Rhythmusinstrumente verteilt, und dann heißt es: Achtung, Aufnahme! Wenn der Gesang des lustigen Kinderchors beim ersten Mal daneben geht vor lauter Kichern und Grölen, dann klappt es bestimmt am nächsten Tag, wenn die Kinder sich an das „Aufnahmestudio" im Zimmer gewöhnt haben. Diese Kinderlieder-Cassette wird der Hit sein! Und auch eine tolle Erinnerung an das gemeinsame Singen.

Ich kann pfeifen!

Da sitzt die kleine Kinderschar und versucht mit spitzen Lippen einen Pfeifton herauszubekommen. Ein paar kichern, weil dies gar zu komisch aussieht. Das steckt an, die andern müssen jetzt auch lachen. Nichts geht mehr, denn wer kann schon lachend pfeifen? Tobias versucht es jetzt anders, er schiebt beide Zeigenfinger in die Mundwinkel und versucht mit Schwung einen Pfiff herauszubekommen. So hat er es bei seinem großen Bruder gesehen. Doch was da herauskommt ist alles andere als ein Pfeifton.

Also, beginnen wir noch einmal von vorne: Die Lippen rund formen, so eng es geht, dann die Lippen spitzen, ein kleines Pfeiflöchlein im Mund offen lassen, die Zungenspitze hinter den Vorderzähnen nach unten schieben und nun kräftig blasen, als wolle man ein Kerzenlicht ausblasen?

Hat es diesmal geklapp?

Einfach nicht aufgeben und ganz lange üben und plötzlich – pfeift es! Gratuliere!

Was gibt's zu pfeifen?

Lange und kurze Töne, hohe und tiefe Töne, schrecklich laute Pfiffe und leise Zwitscherpfeiftöne.

Tanzen und Springen

Discodance

Die Musik wird eingeschaltet, und schon legen die Kinder los, hüpfen, machen Riesensprünge, drehen sich, wirbeln im Kreis oder fassen sich an den Händen und tanzen Ringelreihen. Die älteren unter den Kindern wollen sicher so tanzen, wie sie es im Fernsehen gesehen haben, mit stampfenden Fußbewegungen, wippenden Schultern und gelangweilter Miene. Das machen die Kleinen schnell nach, und die Discodance-Show ist perfekt. Warum nicht? Haben Sie eine schwungvolle Discomusic? Dann ist Discotime! Die Kinder ziehen sich verrückt an, die Klamottenkiste oder Theaterkiste hat dazu das beste Angebot. Noch eine verrückte Frisur und, wer will, Theaterschminke ins Gesicht.
Die Disco-Show kann beginnen. Groß und klein werden sich austoben, jede Tanzform ist erlaubt. Vielleicht haben die kleinen Disco-Tänzer auch Spaß daran, einen besonderen Tanzschritt zu erfinden?

Tanzparty im Zoo

Wie tanzen die Katzen? Mit leichten Tatzensprüngen hüpfen sie auf der Tanzfläche hin und her.
Wie tanzen die Mäuse? Sie halten sich an den Händen und tanzen einfach Ringelreihen.
Wie tanzen die Elefanten? Mit behäbigen Schritten wiegen sie von einem auf das andere Bein.
Wie tanzen die Flamingos? Sie stolzieren mit ihren langen Beinen mal hierhin und mal dorthin.
Und wie tanzen die Nilpferde? Gar nicht, sie bleiben lieber liegen und schauen zu.
Wie tanzen die Pinguine? Sie watscheln mit kleinen Schrittchen im Kreis herum.
Wie tanzen die Spatzen? Sie hüpfen auf ihren kleinen Beinchen und flattern aufgeregt mit ihren Flügeln.
Und wer ist noch auf der Tanzparty im Zoo? Das wissen die Kinder bestimmt!

Spiellied

Hier eine Spielidee für das Lied auf der nächsten Seite: Guck mal, was ich alles bin.

Der Grashalm ist lang und dünn. Die Arme der Kinder liegen eng am Körper, die Beine stehen etwas auseinander, damit der Grashalm beim Hin- und Herwiegen nicht umfällt.

Der Bär hat einen wiegenden Gang und tapst mit kurzen, schwankenden Schritten auf der Tanzfläche umher. Am Schluß der Strophe tanzen jeweils zwei Bären zusammen.

Der Floh macht weite Sprünge, mal hierhin und mal dahin, kreuz und quer hüpft er über die Tanzfläche. Und zwischendurch kitzelt ein Floh einen andern. Es soll ja schließlich auch ein bißchen jucken!

Die Möwe breitet ihre Schwingen aus und segelt und schwebt durch den Raum. Sie braucht viel Platz, und ihre Tanzkunst besteht darin, nirgends anzustoßen.

Der Stein kauert am Boden, macht sich klein und bleibt ein Weilchen still liegen.

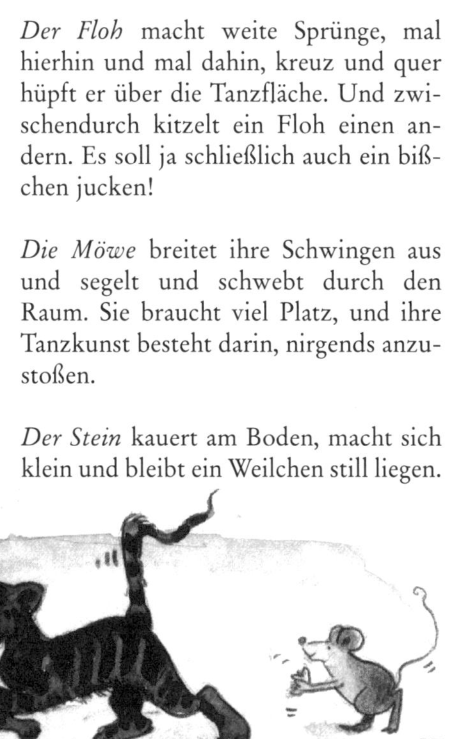

Guck mal, was ich alles bin

Text und Melodie: Gerhard Schöne

Bin ein Grashalm und wiege mich leicht
hin und her, wenn der Wind drüber streicht.
Wachs' zur Sonne empor,
Blätter treten hervor.
Bin ein Grashalm und wiege mich leicht.

Bin ein Bär und tapse herum.
Ich kann tanzen zu meinem Gebrumm.
Bin ein einsames Tier,
komm und tanze mit mir!
Bin ein Bär, und ich tapse herum.

Bin ein Floh, und ich hüpf durch das Fell.
Keiner kriegt mich, ich bin viel zu schnell!
Meine Sprünge sind weit.
Falls es juckt, tut mir leid!
Bin ein Floh, und ich hüpf durch das Fell.

Bin die Möwe und flieg übers Meer.
Manchmal wirft mich der Wind hin und her.
Manchmal schweb' ich nur so
durch die Luft und bin froh!
Bin die Möwe und flieg übers Meer.

Bin ein Stein, und ich mach' mich ganz klein.
Lieg am Wegesrand im Sonnenschein.
Werde warm durch das Licht.
Ich bewege mich nicht.
Bin ein Stein, und ich mach' mich ganz klein.

Toben und Zappeln

Keine Angst vor wilden Kindern

Wild und laut sein, brüllen und toben, oh, das macht den Kindern Spaß! Als würde man ein Ventil öffnen, so können die kleinen wilden Kerle plötzlich loslegen. Und später sind sie wieder brav wie Lämmchen, sind entspannt und genießen selber die eintretende Ruhe und Stille.
Haben Sie vielleicht Angst, daß die Kinder bei solchen Tobespielen ausrasten, nicht mehr zur Ruhe kommen und immer ausgelassener und frecher werden? Die Erfahrung zeigt es anders! Nur Mut! Vielleicht brauchen die Kinder zum Austoben noch ein bißchen mehr Zeit, als Sie eingeplant haben. Na, dann lassen Sie den Kindern doch diese Zeit.

Ein Tip: Es sind die Spielregeln, die eine wild gewordene Rasselbande bändigen und in Schranken halten. Dazu finden Sie hier Anregungen.

Sockenhupf

Das ist kein neuer Tanz, sondern eine lustiges Spiel zum Rangeln und Balgen. Die Tanzfläche wird auf dem Teppich mit Schnur und auf dem Holzboden mit Kreide eingekreist. Die Kinder ziehen Schuhe und Strümpfe aus und dicke Socken über. Mit Gongschlag geht es los: Jeder versucht, jedem die Socken auszuziehen. Wer barfuß ist, kann sich ja einen herumliegenden Socken wieder nehmen und schnell anziehen. Will er verschnaufen, geht er einfach barfuß aus der Spielfläche.

Papier-Ballerei

Zwei Gruppen stehen sich gegenüber. Die beiden Spielfelder sind abgegrenzt, auf der Wiese mit Sägemehl, auf dem Asphalt mit Kreidestrichen und im Zimmer mit Schnur. Jede Gruppe bekommt einen Stapel Zeitungspapier. Mit Trommelwirbel geht es los: Jede Gruppe macht so schnell sie kann aus Zeitungspapier viele Knäuel und zielt auch gleich ins andere Spielfeld, um einen Spieler aus der Gegenmannschaft zu treffen. Tut ja nicht weh! Wenn Papierknäuel außerhalb eines Spielfeld landen, muß man sie liegen lassen. Alle anderen Papierbälle darf man wieder aufheben. Wie lange geht diese Papier-Ballerei? Bis die Spieler erschöpft sind, was sonst!

Katz und Maus

Ein Mäusenest sind zwei oder drei Kinder, die sich an den Händen halten, eine Maus steht in diesem Kreis. Es gibt viele solche Mäusenester. Aber es gibt mehr Mäuse als Mäusenester. Und dann schleicht da noch eine Katze umher, sie will ein Mäuslein fangen. Schnell schlüpfen die Mäuse durch ein Mäuseloch in ein Nest – und schubsen die Maus, die drinnen saß, heraus. Diese rennt los und sucht schnell ein anderes Mäusenest auf.
Wenn die Katze eine Maus fängt, werden die Rollen blitzschnell getauscht. Das Spiel dauert so lange, wie die Mäusekinder wollen.

Laut und leise sein

„Sei doch mal leiser!“ Wie oft hören die Kinder diese Mahnung und verstehen sie kaum, denn sie sind ja gar nicht laut, meinen sie. Was ist laut, was ist leise?
Wie kann man laut oder leise sein, laut oder leise durchs Zimmer gehen, laut oder leise spielen? Wenn die Kinder diese Unterschiede ausprobieren, dann wissen sie es genau.

Flüstern und brüllen

Richtig schön laut brüllen, das macht Spaß! Aber nicht jedem! Also, wer einen Brüll-Lärm nicht aushält, der sollte sich jetzt die Ohren zuhalten oder mit Watte verstopfen oder lieber gleich aus dem Zimmer gehen. Denn jetzt geht es rund:
Gespielt wird mit einem Kinderreim, in allen Tonlagen und Lautstärken.

Dort oben auf dem Berge
da flüstern kleine Zwerge.
Dort unten auf der Wiese,
da brüllt ein großer Riese.

Wie dieser Reim zu sprechen ist, das ist jedem Kind klar: Bei den Zwergen wird geflüstert, beim Riesen gebrüllt. Es soll ja Kinder geben, die das Brüllen verlernt haben. Na, dann ist es höchste Zeit, daß sie es wieder lernen. Bei diesem Vers geht es ganz bestimmt!
Ein andermal schreien die Zwerge mit schrillen Quietschstimmen, und der Riese murmelt mit sanfter Brummelstimme. Der Vers heißt dann so:

Dort oben auf dem Berge
da schreien kleine Zwerge.
Dort unten auf der Wiese,
brummt leis der große Riese!

Was können die Zwerge oder Riesen noch alles machen? Zum Beispiel summen und grölen, kichern und johlen, kreischen und wispern, plärren und schluchzen, keifen und murmeln, brummen und piepsen.

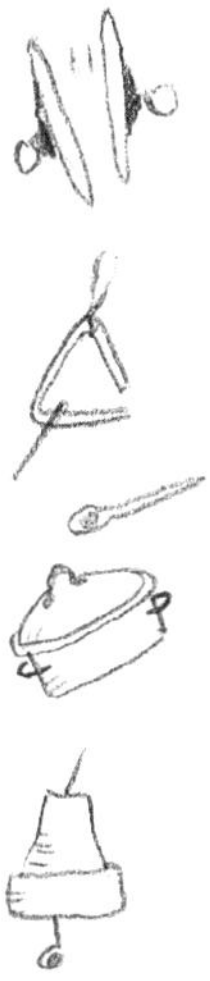

Stampfen und schleichen

Bei diesem Spiel werden verschiedene Schritte und Gangarten ausprobiert, zum Beispiel das laute Stampfen und das leise Tappen, das kräftige Schlurfen und das vorsichtige Gehen.
Die Spielregel: Ein Spieler hält sich die Augen zu, ein zweiter wandert mit einer bestimmten Gangart durch das Zimmer. Der erste Spieler versucht nun, den Schritt nachzumachen. Ist ihm das gelungen, bekommt er Applaus! Das wird manches schüchterne Kind zum festen Schritt ermuntern!

Laute und leise Töne

Jetzt wird Musik gemacht. Jedes Kind wählt ein Instrument aus, zum Beispiel Rasseln, Triangeln, Handtrommeln, Zimbeln, Glockenspiel, Schellen und was es sonst noch alles gibt, um laute und leise Töne zu spielen. Auch selbstgebastelte Instrumente sind für dieses Klangspiel bestens geeignet. Jetzt probiert jedes Kind einzeln den lautesten und leisesten Ton auf seinem Instrument aus. Die andern hören zu.
Welches Instrument kann den allerlautesten Donnerton hervorbringen, und welches den allerleisesten Flüsterton?
Ein Dirigent wird ausgesucht, der mit Handzeichen vorgibt, ob laute oder leise Töne gespielt werden. Und was spielen die Musikanten? Nach Lust und Laune werden Klänge und Töne gespielt, einfach munter drauf los. Klangmusik nennt sich das.

Laute und leise Geräusche suchen

Mit den vorhergehenden Spielen wissen die Kinder nun, was laut und was leise ist, und können ihre Stimmen, ihre Schritte und ihre Musik bewußt laut und leise werden lassen.
Und wie steht es mit den Spielsachen? Das wird bei diesem Spiel ausprobiert. Ein Kind nimmt ein Spielzeug und überlegt, wie man damit laut oder leise spielen kann, zum Beispiel dies:
Einen Bauklotzturm kann man leise aufbauen und laut umwerfen. Eine Puppe wird leise in ihr Bettchen gelegt, doch wenn die Puppe dann weint, dann kann das ganz schön laut sein! Bei den Seifenblasen geht es ganz, ganz leise zu, selbst wenn die Seifenblasen platzen, ist nichts zu hören. Das ist bei einem Luftballon schon anders.
Jedes Kind sucht sich ein Spielzeug aus, von dem es meint, daß man laut und leise damit umgehen kann. Dann zeigt jeder einzeln den andern, was er sich ausgedacht hat. Die andern hören und kommentieren und geben vielleicht Ratschläge, wie man noch lauter oder leiser spielen kann.

Auch mal ganz still sein

Einfach mal ruhig sein, still dasitzen, nichts sagen, das fällt unseren nervösen Unruhegeistern sehr schwer. Die Gründe dafür sind unterschiedlichster Art und können nicht von einem Tag auf den andern geändert werden. Aber wir können den Kindern Spiele anbieten, die so unterhaltsam sind, daß die Kinder von sich aus bereit sind, auch mal ganz still zu sein. Wie gut so ein Spiel tut, das spüren die Kinder selber und wollen deshalb solche ruhigen Spiele immer wieder machen.

Wandernder Händedruck

Alle Kinder sitzen im Kreis und fassen sich an den Händen. Es ist ganz still. Plötzlich bewegt sich etwas im Kreis, sanft und leise. Es ist der Händedruck, den Sie als Spielleiter losgeschickt haben: Sie drücken ganz leicht und kaum sichtbar die Hand des Nebensitzers, dieser gibt den Händedruck weiter usw. Wenn der Händedruck wieder bei Ihnen landet sagen Sie „Angekommen“. Danach kreist der nächste Händedruck. Ganz still soll es dabei sein. Vielleicht können die Kinder auch mal die Augen schließen und einfach auf den ankommenden Händedruck warten? Ob dieser von rechts oder links kommt, das bestimmt der Spielleiter.

Mucksmäuschenstill

Die Kinder sitzen im Kreis, ein Spieler geht vor die Tür, ein zweiter versteckt sich im Zimmer. Dann wird der erste hereingerufen, stellt sich mitten im Kreis auf und schaut und hört, ob er das Versteck des andern ausfindig machen kann. Es kommt ganz darauf an, wie lange der sich still und ruhig verhält. Denn das leiseste Geräusch verrät ihn. Klar, daß die Kinder im Kreis mucksmäuschenstill sind und ebenso lauschen, ob vielleicht schon ein Geräusch zu hören ist.

Hörst du es noch?

Bei diesem Spiel sind es ganz, ganz leise Geräusche, die die Kinder hören werden. Es soll kein Ratespiel und kein Wettspiel sein. Deshalb wird den Kindern am Anfang gezeigt, was alles zu hören ist. Dann sind alle still und lauschen. Jedes Geräusch wird mehrmals wiederholt. Die Kinder können zuschauen, müssen aber still sitzenbleiben, Beispiele dazu:

- eine Stecknadel fallen lassen
- mit Seidenpapier leise knistern
- in eine leere Flasche ganz leicht blasen
- ein Puppenkissen aufschütteln
- mit den Händen über einen Stoff streichen
- ein Streichholz anzünden und ausblasen
- in einer Wasserschüssel mit der Hand plätschern
- in einem Buch blättern
- etwas auf ein Blatt Papier malen
- atmen

Stille hören

Die Kinder setzen sich, und wer will, schließt noch die Augen. Alle sind still und lauschen. Reden ist streng verboten! Was gibt es dennoch zu hören? Vielleicht ein Auto, das draußen auf der Straße vorbei fährt? Oder bellt da ein Hund? Der Wind bläst um das Haus. Wie geheimnisvoll all die Geräusche plötzlich sind, wenn man sie beachtet und belauscht!
Man kann auch den Cassettenrecorder bei diesem Spiel einsetzen und diese Stille aufnehmen. Was sind da für Geräusche zu hören, obwohl doch alle Kinder still waren?

Kritzeln und Malen

„Da sitzt ein Hund, der schaut zum Vogel, da auf dem Baum, der fliegt dann weg und der Hund rennt hinterher, aber der Vogel ist schneller, weil er ganz weit in den Himmel fliegen kann, dort sind noch Wolken und die Sonne, und da fliegt der Vogel ganz weit und überall hin …" So oder ähnlich könnte ein Kind erzählen, während es auf seinem Blatt genau in dieser Reihenfolge ein Bild malt. Vor allem die Flugspuren des Vogels kreisen über das ganze Zeichenblatt und scheinen für den kleinen Künstler das Wichtigste zu sein!

Zeichenblatt-Geschichten

Bei den Kindern passieren auf dem Zeichenblatt die tollsten Geschichten und das, was sie sich ausdenken, wird gleich mit Buntstiften aufs Papier gebannt. Das können lange Geschichten sein, bei denen das Kind den Anfang wieder vergessen hat. So erübrigt sich die Frage, die viele Erwachsene stellen: „Was hast du denn da gemalt?" Ja, wenn das Kind das nur selber wüßte.
Aber auf die Frage: „In diesem Bild ist ja viel passiert, willst du mir davon erzählen?" ist es für den kleinen Künstler kein Problem, zu antworten, und mit viel künstlerischer Phantasie kommt in der Zeichenblatt-Geschichte wieder Neues dazu. Ja, so machen es die Künstler, die großen und die kleinen.

Künstler sind anspruchsvoll

Es ist die Kunst der Erwachsenen, mit guten Ideen das Kind zum Malen zu animieren. Solche Anregungen wie „Mal doch mal ein Haus" sind wirklich nicht spannend, und mit drei Strichen ist das Haus auf einen Zettel gekritzelt.
Hingegen ist es für die Kinder anregend, wenn Sie eine kurze Phantasiegeschichte erzählen, zum Beispiel von Tieren oder von einem Abenteuer im Dschungel oder von einem technischen Wunderwerk, das sich Roboter nennt, oder von vielen Kindern, die in einem Haus wohnen. Geeignet sind auch Kinderreime, Kinderwitze, kurze Spaßgeschichten oder eigene Erlebnisse. Wenn die Kinder davon hören, dann ist ihre Phantasie herausgefordert, sozusagen eingeschaltet, und die Kinder können es kaum erwarten, bis die Geschichte zu Ende erzählt ist und sie mit Malen und Weiterphantasieren beginnen können.

Auf das Material kommt es an

Und dann kommt es auch auf die Malfläche und die Farben an, mit denen das Kind künstlerisch agieren kann. Je unterschiedlicher das Angebot, desto aufregender und interessanter wird es für das Kind, denn seine Lust am Ausprobieren ist groß, und seine Entdekkerfreude, was man alles mit Farben bunt zaubern kann, ist ein Impuls für die schönsten Kinderbilder. Dazu einige Anregungen:

- Mit Wasserfarben und einem 2 cm dicken Pinsel ein großes Plakat bemalen, ein Willkommensgruß für den Sommer oder Winter, mit all den Sachen, die in dieser Jahreszeit gebraucht werden.
- Der Vorplatz oder Weg vor dem Haus wird mit bunter Straßenkreide in eine Wiese verwandelt, da wachsen Blumen, krabbeln Käfer, kringeln sich Regenwürmer.
- Mit Fingerfarben wird auf Stoff eine Szene aus dem Lieblingslied oder der Lieblingsgeschichte gemalt. Der Stoff wird mit der Oberkante an eine dünne Latte geklebt und schmückt als Wandbehang das Zimmer.

Noch mehr Ideen: Auf glatt glänzendem Kunstdruckpapier (Rückseite von Kunstdruckkalendern) leuchten die Farben der Wachsmalkreiden besonders gut. Rauhes, grobes Papier saugt die Wasserfarben gut auf. Feste Pappe ist prima geeignet für die Fingerfarbenmalerei. Spannend ist es auch, wenn zuerst der Untergrund des Bildes mit Wasserfarben bemalt und später das Bild mit Wachsmalkreide ergänzt wird.

Fingerfarben selbstgemacht

Eine besondere Sache ist es für die kleinen Künstler, wenn sie ihre Farben selber herstellen. Das geht so:

3 Eßlöffel Zucker, 1/2 Tasse Getreidestärke und 2 Tassen kaltes Wasser bei schwacher Hitze unter ständigem Rühren zu einem dicken Brei kochen. In mehrere Marmeladegläser verteilen und in jeden Brei eine andere Farbe unterrühren, man nimmt dazu Lebensmittelfarbe oder Plakafarbe. Zum Schluß das Glas mit dem Deckel gut verschließen, so kann die Farbe nicht austrocknen.

Kleben und Kleistern

Das macht den Kinder riesig Spaß: mit dem Klebepinsel über Papiere streichen und klecksen, mit den Fingern noch ein bißchen nachhelfen und verteilen und die Klebepampe mit den Handflächen verschmieren. Die Mahnung, nicht so viel Dreck zu machen, wird vom kleinen Meister Kleckser als sehr störend empfunden und am liebsten überhört. Bevor es dann zum Ärger kommt, könnte man den Kindern eine Bastel-Ecke einrichten, wo sie nach Herzenslust kleben und kleistern können.

Klebstoff für Meister Kleckser

Dieser Klebstoff ist garantiert ungiftig und kann von den Kindern in Mengen verstrichen und verbraucht werden. Zwei rohe Kartoffeln schälen, reiben und mit etwa 50 ml Wasser verrühren. Dann ein Küchentuch in eine Schüssel legen, den Kartoffel-Wasser-Brei in das Tuch füllen, das Tuch fest zusammendrücken, die auslaufende Brühe in der Schüssel auffangen und kurze Zeit stehen lassen, so daß sich am Boden der Schüssel die Stärke absetzen kann. Dann das restliche Wasser vorsichtig abgießen.
Vier Teelöffel von diesem Bodensatz, der Stärke, in einen Kochtopf geben und mit 30 ml Wasser unter ständigem Rühren langsam erhitzen. Beginnt der Brei zu quellen, ist der Klebstoff fertig und kann in einem luftdicht verschlossenen Behälter aufbewahrt werden.

Mehl-Kleister
Wer sich nicht so viel Mühe machen will, kann auch einen Kleber aus Wasser und Mehl zusammenrühren. Der Brei muß schön geschmeidig sein. Noch ein Eiweiß untergerührt, klebt alles noch besser.

Tapetenkleister
Und wer es noch einfacher haben will, der nimmt Tapetenkleister und rührt ihn nach Gebrauchsanweisung an.

Kleben, was das Zeug hält

Jetzt beginnen die Klebe-Experimente. Die Kinder sammeln zusammen, was ihnen so in die Hände kommt, zum Beispiel Zeitungsschnipsel, Bonbonpapiere, Pappscheiben, Bierdeckel, Fadengewirr, Postkarten, Kalenderblätter, Stoffrestchen, Laubblätter, Selbstgemaltes.
Als Untergrund ist eine dicke Pappe geeignet, sie weicht nicht so schnell auf. Dann bekommt jedes Kind einen Becher voll Kleber, einen dicken Pinsel zum Verstreichen des Klebers und ein altes T-Shirt als Schürze.
Und jetzt wird geklebt und gekleistert, gepappt und gepampt. Stück für Stück wird mit dem Klebe-Pinsel eingestrichen und auf die Pappe nebeneinander und aufeinander geklebt. Wenn das Bild fertig ist, trocknen lassen und zum Schluß einen schönen Rahmen aus bunter Pappe rundum kleben.

Kleister-Klebe-Kunst

Was man noch alles kleben und kleistern kann:

Überraschungs-Klebebilder
Auf ein Blatt Papier wird mit dem Pinsel eine Klebespur gezogen, dann läßt man Sand darüber rieseln, so daß das ganze Papier bedeckt ist. Nach kurzer Zeit ist der Kleber trocken und der Sand an der Klebespur festgeklebt. Den restlichen Sand wegkippen oder abkehren, und heraus kommt ein geheimnisvolles Sandbild.

Natur-Kunstwerk
Viele große und kleine Blätter von Bäumen und Büschen, auch Blütenblätter und Gräser, werden gesammelt und zwischen Zeitungspapier gepreßt und getrocknet. Dann bekommt jedes Kind einen farbigen Bogen Tonpapier, streicht ihn mit Kleber ein, legt die gepreßten Blätter und Blüten auf das Tonpapier und drückt alles vorsichtig fest. Das Kunstwerk trocknen lassen und zum Schluß aus kleinen Zweigen einen Natur-Bilderrahmen rundum aufkleben. Jedes Bild wird wunderschön werden, und die Kinder können stolz ihr selbstgemachtes Natur-Kunstwerk bewundern.

Knoten und Knäueln

Schleifen binden, Schnur verknoten, Reißverschluß und Knöpfe schließen, Schnürsenkel zubinden und den Anorak zuknöpfen, das sind die alltäglichen Fertigkeiten, die ein Kind beherrschen sollte, damit es selbständig und in diesen Dingen nicht auf die Erwachsenen angewiesen ist! Doch viele Kinder können dies nicht, haben es nie gelernt. Ihre Jacken haben Klettverschluß, in die Gummistiefel kann man hineinrutschen, und den Rest macht die Mami. Ganz schön faul sind der kleine Herr und die kleine Dame geworden. Doch die Kinder kennen es nicht anders. Vielleicht, weil die Erwachsenen ihnen diese Fertigkeit nicht zutrauen oder sich nicht die Zeit nehmen, ihnen dies zu zeigen und mit ihnen zu üben? Na, das sollte aber schnellstens anders werden! Denn beim Spielen gibt es viele Anlässe, bei denen diese Handfertigkeiten gebraucht werden, zum Beispiel muß man oft mit Schnüren etwas zusammenbinden oder festbinden. Wie ärgerlich, wenn man mitten im Spiel auf einen Erwachsenen warten muß, der einem den Knoten an der Schnur knüpft.

Selbständig sein

Wie wäre es also, den Kindern diese handwerklichen Geschicklichkeiten beizubringen wie knoten, binden, wickeln, winden, flechten, verpacken, knöpfen, aufrollen, umschlingen, weben, heften, knüpfen?
Das wäre sehr nützlich und praktisch für die Kinder! Jeden Tag wird eine neue Technik gezeigt. Und weil alle mitmachen, ist es ein lustiges Geschicklichkeitsspiel. Die Kinder helfen sich gegenseitig und spornen sich an.

Knoten-Tag

Viele bunte Bänder, Schnüre und Wollfäden hängen von der Decke herab. Sie sind alle zusammen an einem Deckenhaken festgebunden, oder Sie spannen ein Wäscheseil quer durchs Zimmer und hängen daran die Schnüre und Fäden.
Die Kinder sind sicher schon gespannt, was es hier zu lernen gibt. Wer will, kann mitmachen. Jeder bekommt zuerst einzeln gezeigt, wie man einen Knoten macht. Dann geht es weiter, kreuz und quer wird geknotet und verknotet. Es können mehrere Kinder gleichzeitig mitmachen, eben so lange, bis anstatt der Bänder und Schnüre nur noch ein Knoten-Knäuel herab baumelt. Diesen Knoten wieder aufmachen? Nee – dazu hätte niemand Geduld. Aber dieses Knotengebilde sieht vielleicht ganz hübsch aus wie ein modernes Kunstwerk und könnte ein Weilchen als Raumschmuck bewundert werden.

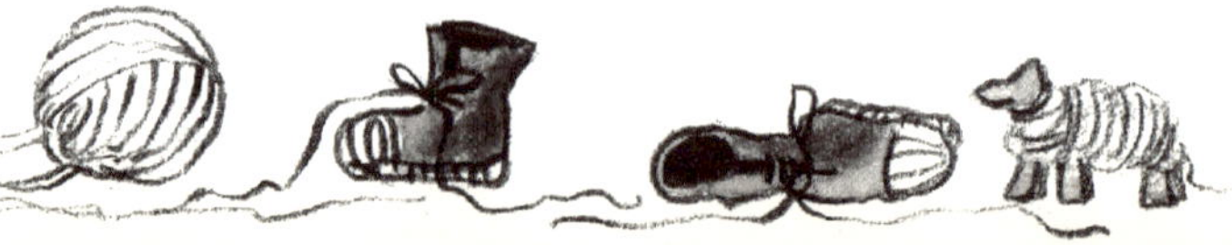

Schleifen-Tag

Viele bunte Geschenkbänder liegen bereit. Zuerst wird jedem Kind einzeln das Schleifenbinden gezeigt, dann wird geübt, eben so lange, wie jeder will. Mit den Geschenkbändern werden alle möglichen und unmöglichen Dinge mit Schleifen geschmückt: die Puppen, die Plüschtiere, der Schubladengriff, die Stuhllehne, der Vorhang. Paßt auch an ein Spielzeugauto eine Schleife oder um den Ball? Nee, da rutscht das Band wieder ab!
Klar, daß die Kinder beim Aufziehen der Schleifen auch wieder mitmachen!

Zöpfe-Tag

Wollfäden und Schnüre liegen bereit. Wer will heute das Flechten lernen? Der nimmt drei Fäden, knotet sie irgendwo fest, zum Beispiel an einer Stuhllehne, läßt sich zeigen, wie das Flechten geht, und übt diese Kunstfertigkeit, bis der ganze Zopf geflochten ist. Zum Schluß wird wieder am Zopf ein Knoten gemacht, das hat das Kind ja gestern schon gelernt.
Diese geflochtenen Bänder können als Freundschaftsband verschenkt oder als poppiger Haarschmuck mit einer Haarklammer festgeklemmt werden.

Wolle-Wickel-Tag

Heute geht es darum, schnell und flink eine Schnur oder Wolle aufzuwickeln. Dazu diese Spiele:
Wickelspiel: Ein langer Wollfaden liegt locker auf dem Boden, die Spieler halten ein Ende des Fadens fest und müssen diesen so schnell sie können um einen kleinen Holzstab wickeln. Nach dem Startzeichen geht es los. Wer ist der schnellste Wolle-Wickler?
Knäuel-Spiel: Wer mitspielen will, der bekommt ein Wollknäuel und muß ein kleines Spielzeug so dick einwickeln, daß es nicht mehr zu sehen ist. Dann geht es wieder rückwärts, und das Spielzeug wird ausgewickelt.
Tip: Entweder die Wolle über einen Holzstab oder ein richtiges rundes Knäuel wickeln.

Was gibt's noch zu lernen?

Kordeldrehen, Papierweben, Wolleweben, zwei Stoffe zusammennähen … es gibt noch viele Techniken, die die Kinder beim Spielen gut einsetzen könnten, wenn sie wüßten, wie es geht. Die Anlässe dazu geben die Kinder selbst, sie fragen, wie man's macht, und Sie zeigen dann der ganzen Kinderschar die Fertigkeiten dazu.

Rätseln und Zaubern

Was ist das?

So beginnen die ersten Ratespiele mit den kleinen Kindern. Der Erwachsene zeigt auf etwas, und das Kind plappert begeistert die Worte, die es kennt: Nase, Mund, Ball, Teddy ... So macht das Wörterlernen Spaß. Und da gibt es am Anfang eines Menschenlebens ganz schön viel zu lernen!

Ich seh' etwas

... was du nicht siehst. Das ist der nächste Schwierigkeitsgrad des Rätselratens. Dinge werden mit Farben und Formen beschrieben. Je älter das Kind ist, desto komplizierter werden die Beschreibungen, zum Beispiel, daß etwas hart oder spitz oder heiß oder gekrümmt ist.

Rätselreim

Rätsel in Reimform hören die kleinen Kinder am liebsten, und sie werden dabei nicht müde, immer wieder die richtige Antwort hinauszubrüllen und das Lob einzuheimsen.

Wer trägt selber sein Haus,
streckt die Fühler heraus,
kommt langsam um die Ecke?
Das ist die kleine ... ...

Rätsel selber erfinden

Ab dem Vorschulalter aber wollen die Kinder richtig schwierige Rätsel lösen. Jetzt brauchen sie die Herausforderung und wollen ihr Wissen wirklich testen! Am besten geeignet sind jetzt die „selbstgemachten" Rätsel. Ein Gegenstand oder eine Person werden beschrieben, zuerst mit Stichworten, die wirklich rätselhaft sind, dann werden die Aussagen immer konkreter. Zum Beispiel:
Es ist braun ... lebt in Märchen und Geschichten ... rennt Zickzack ... hat lange Ohren ...
Solche Rätsel denken sich die Kinder gerne aus, und die Rätsel-Unterhaltung kann lange andauern, weil es so Spaß macht!

Scherzfragen

Bei Schulkindern sind Scherzfragen sehr beliebt. Da muß man wirklich nachdenken, aber Schlaumeier finden die Lösung heraus, zum Beispiel:
Wer hat zwei Löffel und kann nicht damit essen?
Was läuft und kommt nicht von der Stelle?
Was hat vier Beine und kann nicht laufen?

Der Auftritt des Zauberers

Zaubern können, das wünscht sich jedes Kind. Und eifrig wird es bei Ihnen in der Zauberschule mitmachen. Wenn es dann seinen Freunden oder zu Hause den Zaubertrick vorführt, fühlt es sich wirklich wie ein richtiger Zauberer.
Zaubertricks muß man üben, damit man sie wie ein kleines Theaterstück vorführen kann. Ein Zauberhut, selbstgebastelt aus Papier, etwas Glimmer-Schminke auf Nase und Wangen, einen Zauberumhang, bunt bemalt und mit glitzernden Zaubersternen beklebt, das alles gehört zum Auftritt eines echten Zauberers und können die Kinder selber basteln.
Der Umhang kann zum Beispiel ein dunkler Stoffrest oder alter Vorhangstoff sein, bemalt mit Stoff-Farben und prächtig verziert mit aufgeklebten Goldpapier-Sternen und anderen Zaubermotiven.

Zauberspiel

Wenn Sie und Ihre Kinder Spaß am Zaubern haben, dann schauen Sie in Zauberbüchern für Kinder nach, da gibt es eine Menge zu lernen. Hier ein lustiger Zaubertrick, der einfach ist und auch von den kleinsten Zauberkünstlern aufgeführt werden kann:

Zauber-Rassel
Drei Streichholzschachteln liegen auf dem Tisch. Der Zauberer nimmt eine Schachtel auf, schüttelt sie, das Klappern ist deutlich zu hören, dann legt er die Schachtel wieder auf den Tisch und schiebt die drei Schachteln eifrig hin und her, um die Zuschauer zu verwirren. Dazu sagt er seinen Zauberspruch auf:
Eins, zwei, drei, was ihr hier seht, ist Zauberei!
Wo ist die Rassel-Schachtel?
Ein aufmerksamer Zuschauer zeigt auf die Schachtel, nimmt sie hoch und schüttelt sie kräftig, aber nichts ist zu hören. Jetzt nimmt der Zauberer eine andere Schachtel, schüttelt sie, und da klappert die andere Schachtel laut und deutlich!

Der Trick
Achtung, nicht weitersagen! Die Zauberkunst bleibt streng geheim! Das hier ist der Trick: Alle drei Schachteln sind leer. Der Zauberer hat an einem Arm mit einem Gummiband eine Steichholzschachtel festgeklemmt, versteckt im weiten Ärmel. Die Schachtel ist mit Steinchen oder kleinen Schrauben gefüllt, die laut klappern, wenn man die Schachtel schüttelt. Je nachdem, mit welcher Hand der Zauberer eine der Schachteln aufnimmt und schüttelt, ist ein Klappergeräusch (aus dem Ärmel) zu hören oder nicht.

Zählen und Rechnen

Viele Kinder werden von Erwachsenen gefragt, ob sie schon zählen können. Das muß wohl eine wichtige Sache sein, und wer bis zehn zählen kann, ist fein heraus. Wer die Zahlenreihe bis zwanzig beherrscht, der gilt schon als sehr gescheit. Für die jüngeren Kinder hingegen ist das Zählen bis fünf schon eine Meisterleistung. Also, helfen wir den Kinder ein bißchen beim Zählen lernen, denn es gibt bei ihren Spielen viele Anlässe, bei denen es wichtig ist, selber etwas abzählen zu können.

Würfelspiele

Diese Spiele sind eine prima Herausforderung an die Kinder, das Zählen zu lernen. Am besten sind die Würfel mit Punkten, da müssen die Kinder zuerst die Punkte auf dem Würfel zählen und dann die Spielfigur auf dem Spielplan entsprechend weit wandern lassen. Wenn beim Zählen alle Mitspieler laut mitsprechen, lernen es die Jüngsten schneller.

Spiele selbst gemacht

Würfelspiele gibt es viele, aber ein selbstgemachtes Würfelspiel gibt es nur einmal auf der Welt und gefällt den kleinen Spiele-Erfindern am allerbesten. Es könnte auch ein Anreiz sein, ganz schnell das Zählen und die Zahlen zu lernen. Warum nicht?

Spielplan
Auf ein Blatt Papier wird eine Spielszene gemalt, zum Beispiel ein Wald mit Bäumen oder eine Unterwasserwelt mit Kieselsteinen oder ein Wolkenhimmel mit vielen Wolken. Dann zeichnet man einen Weg, auf dem die Spielfiguren auf dem Spielplan gehen müssen. Als nächstes klebt oder malt man auf diesen Weg viele Punkte hintereinander, das sind die Wegpunkte, die man abzählen muß, um seine Figur vorwärts zu bewegen.

Spielfiguren

Je lustiger die Figuren, desto schöner das Spiel. Auf dem Spielplan mit der Waldszene könnten kleine Spielzeug-Häschen die Figuren sein und durch den Wald hoppeln. In der Unterwasserwelt schwimmen Fische, aus Knete geformt. Und zwischen den Wolken fliegen Vögel, aus Papier ausgeschnitten und auf kleine Kneteklümpchen gesteckt.

Spielregel
Es wird gewürfelt, die gewürfelte Zahl laut genannt und dann rückt man mit seiner Spielfigur diese Punktzahl vor, alle schauen zu und zählen laut mit.

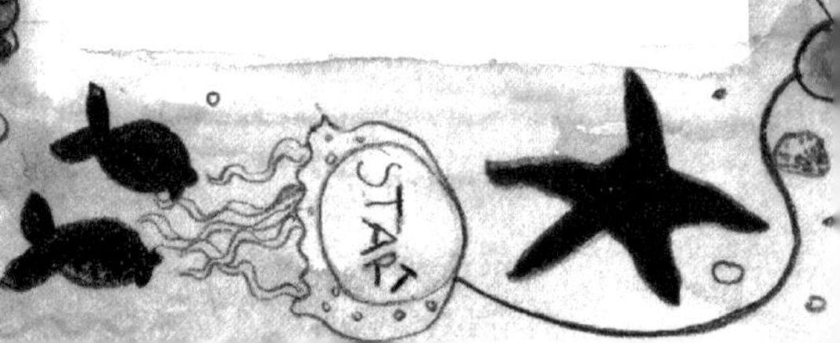

Eine Rechen-Geschichte

Wollen die Kinder auch rechnen können? Das ist bei manchen Spielen ganz sinnvoll, zum Beispiel beim Kaufladen oder beim Murmelspiel. Mit dieser witzigen Rechen-Geschichte wird so nebenbei das Zählen und Rechnen geübt. Einfache Geschichten dieser Art können Sie auch selber erfinden.

Eine kleine Maus wandert durch den Garten. (Eine kleine Spielzeugmaus wird auf den Tisch gesetzt.) Da sieht sie leckere Sonnenblumenkerne auf der Erde liegen. Die große dicke Sonnenblume hat sie abgeworfen. (Sechs Sonnenblumenkerne fallen auf den Tisch, die Kinder zählen mit.) Fein, denkt die kleine Maus, die nehme ich mit. Sie kann aber immer nur zwei Kerne in ihre Pfoten nehmen. Also nimmt sie zwei und rennt schnell nach Hause, um die Kerne in ihr Mäusenest zu bringen. (Zwei Kerne werden weggenommen, die Maus rennt in eine Tischecke und lädt die zwei Kerne ab.)
Schnell eilt sie zurück und schaut nach den andern Kernen. Wieviel sind es noch? (Die Maus und die Kinder zählen.)
Während die Maus ein zweites Mal nach Hause eilt, überlegt sie: Wenn ich jetzt nach Hause komme und die beiden Kerne ins Nest lege, wieviel Kerne liegen dann dort? (Die Kinder überlegen auch und überprüfen ihr Rechen-Ergebnis durch Nachzählen.)
Schon wieder überlegt die kleine Maus: Wo sind nun mehr Kerne? Im Mäusenest oder draußen im Garten auf dem Boden neben der Sonnenblume? (Die Kinder vergleichen, zählen und geben selbst die Antwort.)
Als die Maus zu den restlichen Sonnenblumenkernen eilt, da sieht sie eine andere Maus neben den Kernen sitzen! (Eine zweite Spielzeugmaus erscheint auf dem Tisch.)
Diese will gerade die beiden Sonnenblumenkerne mitnehmen. Die kleine Maus ist entsetzt, das waren doch ihre Kerne, die hat doch sie gefunden! Was tun? (Die Kinder suchen nach einer Lösung.)

Eine Lösung
Die kleine Maus lädt die andere Maus zu sich nach Hause ein. (Wieviel Kerne haben sie dann zusammen?) Dann verteilen sie die Sonnenblumenkerne, so daß jeder gleichviel zu knabbern hat. (Wieviel bekommt jeder?)
Die beiden Mäuse werden gute Freunde, bleiben zusammen und ziehen jetzt immer gemeinsam los, um nach Futter zu suchen.

Lachen und Quatschmachen

Die Kuh, die saß im Schwalbennest
mit sieben jungen Ziegen.
Sie feierten ein Jubelfest
und fingen an zu fliegen.
Der Esel zog Pantoffeln an,
ist übers Haus geflogen.
Und wenn das nicht die Wahrheit ist,
so ist es halt gelogen.

Diesen Klassiker der Lügengeschichte kannten schon unsere Urgroßmütter. Es machte wohl schon immer Spaß, die Dinge der Welt ein bißchen zu verdrehen! Und schmunzelnd oder lachend versucht dann jeder, die Dinge wieder zurechtzurücken.

So ein Quatsch

Kinder sind vom Quatschmachen riesig begeistert, und die Herzen der Kinder gehören dem, der mit ihnen tollen Quatsch macht, damit sie kichern und lachen können. Dabei erleben die Kinder auch das stolze Gefühl, daß sie klug sind und viel von den Dingen der Welt wissen und deshalb herausfinden, was bei den Quatschgeschichten falsch ist!
Ein tolles Spiel, auf das man sich als Erwachsener immer wieder einlassen sollte, zur Begeisterung der Kinder! Und, mal ehrlich, macht Ihnen das Lachen und Quatschmachen nicht auch Spaß? Dann kann es ja losgehen!

Das ist witzig!

Das ist es, worüber die Kinder am meisten lachen und ihren Spaß haben: Wörter verdrehen, Namen verwechseln, Dinge suchen, obgleich sie vor der Nase liegen, plötzlich im Watschelgang weitergehen, Grimassen machen, lautstark niesen.
Solche Quatsch-Sachen machen Spaß und werden von den Kindern gleich nachgeahmt. Aber bitte niemals ironisch werden, denn diese Abstraktion verstehen die Kinder nicht, und sie fühlen sich verunsichert. Auch niemals ein Kind nur so im Spaß erschrecken, blamieren oder lächerlich machen. Da hört der Spaß auf! Obgleich die Kinder ein bißchen mitlachen werden, um ihre Kränkung zu verbergen, doch die kleine Kinderseele ist tief verletzt.

Alles gelogen!

Die Kinder schauen Sie erstaunt an, weil Sie gerade die verrücktesten Dinge erzählen: Also, ich bin heute morgen mit meiner Rakete in den Kindergarten geflogen. Falsch, brüllen die Kinder, denn das kann nun wirklich nicht sein. Und vor der Eingangstür, da stand ein roter Elefant mit Rollschuhen. Falsch, rufen wieder die Kinder, das gibt es ja gar nicht.
Sie erzählen weiter: Ja, das habe ich dem Elefanten auch gesagt, und er verschwand in einer Wolke …
Und was noch alles passiert, das können Sie selbst erfinden. Es müssen in so einer Lügengeschichte keine großen Abenteuer passieren, sondern die Dinge, die die Kinder kennen, werden einfach ein bißchen verdreht.

Kindergarten und Schule
Solche Quatschgeschichten sind ein beliebter Muntermacher bei Regenwetterstimmung, wenn die Kinder mißgelaunt sind.

Familie
Für lange Autoreisen, auf langweiligen Spaziergängen oder anstatt der Fernseh-Kinderstunde ist eine Lügengeschichte die beste Unterhaltung. Die gute Laune ist wieder da!

Kasperl-Dummheiten

Sollten Sie Hemmungen haben, so richtig schöne Dummheiten zu plappern, dann lassen Sie mal das Kasperle ran. Mit der Handpuppe geht alles viel leichter. Denn ein Kasperl macht gerne Quatsch, verdreht die Worte und denkt sich lauter dumme Sachen aus, zum Beispiel dies:

- Der Kasper singt ein Lied: Alle meinen Entchen, sitzen auf dem Hut, oh das ist entsetzlich, weil mein Hut jetzt muht! Vor lauter Kichern können die Kinder gar nicht dem Kasperl das richtige Lied vorsingen.
- Der Kasper vertauscht die Silben in einem Wort und erzählt von einer aufregenden Begegnung mit dem Krikadol, also dem Krokodil, und bewundert den schönen blauen Bimmel, also den Himmel. Und wie es richtig heißt, das sagen ihm natürlich die Kinder.
- Der Kasper weiß nicht, wie man mit den Spielsachen umgeht, und will mit der Murmel würfeln, dem Ball einen Puppenhut aufsetzen und den Bauklotz als Würstchen aufessen. Lachend werden die Kinder dem dummen Kasperl die Dinge erklären.

Und wenn dann der Kasperl mal vorwitzig den Kopf aus seiner Kasperlkiste herausstreckt, dann wird vielleicht ein Kind nach der Puppe greifen und neue, verrückte Kasperl-Späße machen! Klar, daß Sie dann auch zuhören und mit dem Kasperl reden!

Das Wiesen-Liesen-Riesen-Lied

Text und Melodie: Gerhard Schöne

Auf der Wiese sitzt die Liese,
sagt der Riese: Nanu?!
In der Wiege, liegt ’ne Ziege,
sagt die Fliege: He du!!

In der Ecke liegt ’ne Decke,
sagt die Schnecke: Nanu?!
Auf der Straße steht ’ne Vase,
sagt der Hase: He du!!

Mit der Taxe fährt der Maxe,
sagt der Sachse: Nanu?!
Auf dem Weiher steht ein Reiher,
sagt ein Bayer: He du!!

Im Theater singt mein Vater,
sagt der Kater: Nanu?!
In dem Kino schläft der Tino,
sagt ein Dino: He du!!

Spiel

Das Lied kann noch viel mehr Strophen bekommen! So lange die Kinder Spaß daran haben, erfinden sie jeden Tag einen neuen Quatsch-Reim dazu.

Mal lieb, mal böse sein!

Immer lieb sein macht keinen Spaß!

Stellen Sie sich mal vor: Sie sagen etwas, und das Kind gehorcht Ihnen aufs Wort, es bleibt still sitzen, redet nur, wenn es gefragt ist, stellt seinen Kakaobecher auf die Spüle zurück, schrubbt sich den Hals, setzt ohne zu murren die Mütze auf …
Da würde etwas nicht stimmen! Oder?! Das wären Marionetten oder Roboter, aber ganz gewiß keine fröhlich-lebendigen Kinder!
Kinder haben Stimmungen und Launen wie wir Erwachsenen auch. Und selbständige, selbstsichere, glückliche Kinder haben vor allem eigene Ideen, erleben ihre Welt anders, zum Beispiel erforschen sie, wie hoch das Wasser der Pfütze spritzt, wenn man mit beiden Füßen hineinhopst, sind neugierig und wollen einen Regenwurm genauer anschauen – am besten geht das auf dem Zimmertisch – sie blubbern laut im Sprudelwasser, am liebsten im Restaurant, wo es sowieso so still und langweilig ist, und wenn dann noch das Glas dabei umfällt, dann ist richtig was los!
„Hoppla!“ sagen dann die kleinen Kinder, „Cool“ grinsen die größeren Kinder, „Sauerei“ schimpfen die Erwachsenen! Irgendwie hat jeder aus seiner Sichtweise recht und sagt genau das, was er in dieser Situation empfindet. Was denn sonst?

Freude zum Ausdruck bringen

Lieb sein heißt eben nicht, all das tun, was der andere will. Es gibt andere Möglichkeiten, jemandem zu zeigen, daß man ihn mag und ihm eine Freude machen möchte.
Wollen Sie mit den Kindern solche Ideen sammeln? Beginnen Sie und erzählen Sie Beispiele, bis die Kinder angesteckt sind und selber überlegen. Schreiben Sie die Ideen der Kinder auf, es könnten Anregungen für Muttertag, für den Oma-Opa-Tag oder für den nächsten Kindergeburtstag sein:
Der Omi einen Gänseblümchenstrauß pflücken, der Freundin die Lieblingspuppe für eine Nacht ausleihen, dem großen Bruder beim Suchen seiner Fußballschuhe helfen.

Wut-Zettel

Ein blöder Tag, alles geht schief, der Ärger beginnt, die Wut macht sich breit, der Zorn steigt auf. Und jetzt? Da muß einer nur noch ein falsches Wörtchen sagen, und es geht los mit Toben, Brüllen, Weinen, Davonrennen. Je nach Temperament und wie es die Erwachsenen vormachen, reagiert das Kind seine Wut ab. Also zeigen wir ihm doch eine bessere Lösung, mit der Wut fertig zu werden. Die einen sagen „Überwinden" dazu, man kann es auch „Austoben" nennen. Man könnte zum Beispiel um das Haus rennen, mit den Fäusten auf Kissen ballern. Und mit diesem Wut-Zettel kann man sich auch ganz schön austoben, ohne dem anderen weh zu tun!
Auf einen knallroten Zettel wird schimpfend und voller Zorn ein Kritzelkrakel gemalt, wie Blitz und Donner sieht es aus, wie Vulkanausbrüche und Springfluten. Dann wird der Zettel zusammengeknäuelt und voll Schwung und Zorn und Wut auf den Boden geschmettert! Noch mal und noch mal! Wie lange? Bis die Wut ein bißchen verraucht ist oder bis ein Freund Stopp sagt und mit dem Wütenden reden möchte. Vielleicht gelingt jetzt ein Gespräch über das Problem?

Brüllermännchen

Das Brüllermännchen kann sich aufregen, keifen, zetern, zürnen, schmollen, grollen, knurren, schimpfen, toben, brüllen, murren, motzen, bocken und ganz schrecklich fürchterlich böse sein! Es ist eine kleine Handpuppe, aus einem Socken selbstgemacht. Mit seinem Riesenmaul kann es den ganzen Ärger loswerden. Und vor allem den anderen erzählen, was passiert ist.
Wenn es einem Kind bisher nicht erlaubt war, seine Gefühle hinauszulassen, sondern es immer den Ärger hinunterschlucken mußte, dann könnte so ein Brüllermännchen hilfreich sein. Dann kann es nämlich mal toben – das schützt vor dem Bauchweh, das wir bekommen, wenn wir zuviel Ärger hinunterschlucken und nichts sagen. Ist der Ärger verraucht, kann das Brüllermännchen wieder in seine Höhle zurück, ein Stoffsäckchen, das man oben zuschnürt.

So ein Kribbeln im Bauch

Text und Melodie: Gerhard Schöne

Manchmal hab ich auch
so einen Spaß im Bauch.
Der hüpft mir durch den Magen,
will mir damit sagen:
Bitte laß mich raus!
Und dann lache ich,
ha ha ha, dann lache ich!
Und dann lache ich,
ha ha ha ha ha!

Manchmal hab ich auch
so eine Angst im Bauch.
Die kneift mir in den Magen,
will mir damit sagen:
Bitte laß mich raus!
Und dann zitter ich,
oi oi oi, dann zitter ich!
Und dann zitter ich,
oi oi oi oi oi!

Manchmal hab ich auch
so einen Mut im Bauch.
Der springt mir durch den Magen,
will mir damit sagen:
Bitte laß mich raus!
Und dann stampfe ich,
ho ho ho, dann stampfe ich!
Und dann stampfe ich,
ho ho ho ho ho!

Manchmal hab ich auch
nur Traurigkeit im Bauch.
Die schleicht mir durch den Magen,
will mir damit sagen:
Bitte laß mich raus!
Und dann weine ich,
hu hu hu, dann weine ich!
Und dann weine ich,
hu hu hu hu hu!

Manchmal hab ich auch
nur Liebe im Bauch.
Die tanzt mir durch den Magen,
will mir damit sagen:
Bitte laß mich raus!
Und dann küsse ich,
mmff mmff mmff, dann küsse ich!
Und dann küsse ich,
mmff mmff mmff mmff mmff!

Manchmal hab ich auch
so einen Zorn im Bauch.
Der tanzt mir durch den Magen,
will mir damit sagen:
Bitte laß mich raus!
Und dann brülle ich,
hej hej hej, dann brülle ich!
Und dann brülle ich,
hej hej hej hej hej!

Manchmal hab ich auch
ein kleines Glück im Bauch.
Das streichelt meinen Magen,
will mir damit sagen:
Bitte laß mich drin!
Und dann freu ich mich,
hmm hmm hmm, dann freu ich mich!
Und dann freu ich mich,
hmm hmm hmm hmm hmm!

3. Kapitel

Lieblingssachen

Mein allerliebstes Schmusetier

Wohin die kleine Judith auch geht, immer hat sie ihren Schmusehasen unter dem Arm. Das weiße Fell ist längst grau geworden. Aber das stört Judith nicht. Und Waschen ist nicht erlaubt! Denn dann würde der Hase anders riechen, nämlich so wie die Jeans, die Pullis oder die Bettwäsche. Das ist zwar auch ein feiner Geruch, aber der Hase riecht viel besser, viel gemütlicher, eben zum Schnuppern und Schmusen.

Guter, alter Freund

Jedes Kind hat so ein Schmusetier, verknuddelt, zerknautscht und ein bißchen verdreckt. Die ganze Kindheit steckt da drin, mit all den Erlebnissen, Abenteuern und Erinnerungen.
Doch Schmusetiere können auch trösten, zuhören, Mut machen, Quatsch machen, himmelhoch fliegen, wenn es dem Kind gut geht, unter das Bett kriechen und weinen, wenn es dem Kind schlecht geht. Auf Reisen streckt es seinen Kopf aus der Manteltasche, beim Wandern schaut es aus dem Rucksack, beim Radfahren klemmt es hinten auf dem Gepäckträger, und abends schläft das Schmusetier auf dem Kissen, ganz nah und dicht neben der Kinderbacke, zum Riechen, Kuscheln und Wohlfühlen.

Kuscheltier-Geschichten

Mal ehrlich, haben Sie auch noch Ihr altes Kuscheltier von früher? Vielleicht ganz hinten im Wäscheschrank versteckt, damit es niemand sieht, weil Sie es nicht übers Herz bringen, den alten Freund aus der Kindheit wegzuwerfen? Na, dann lassen Sie es wieder zum Vorschein kommen, aus dem Schrank krabbeln, und den staunenden Kindern erzählen, was es früher alles erlebt hat.

Familie
Vielleicht ist das der Anfang einer tollen Freundschaft, denn von Schmusetier zu Schmusetier läßt sich mancher Kummer des Tages besser erzählen.

Kuscheltier-Tag

Die Kinder bringen ihre Kuscheltiere in den Kindergarten mit. Sie stellen ihren Liebling vor, wie er heißt, wo er zu Hause schläft, warum sie ihn mögen und weitere Besonderheiten. Die Kinder werden mucksmäuschenstill zuhören, denn Kuscheltier-Geschichten interessieren sie sehr.

Wenn die Kuscheltiere wollen, genauer gesagt, wenn es die Kinder wollen, dann dürfen die Kuscheltiere auch mal im Kindergarten übernachten, alle zusammen unter einer Kuscheldecke. Ein aufregendes Ereignis – für die Kinder, denn zu Hause fehlt der Liebling. Manche Kinder hingegen sind stolz, daß sie die Trennung aushalten, und mit dieser Erfahrung sind sie auch ein bißchen reifer geworden.

Am andern Tag, wenn die Kinder wieder in den Kindergarten kommen, ist das Staunen groß. Denn die Kuscheltiere spielen vergnügt miteinander in der Bauecke. Na so was! Die Kinder sind freudig überrascht. Keiner weiß, daß Sie es waren, der am frühen Morgen die Spielszene der Kuscheltiere aufgebaut hat.

Beim Kreisspiel, beim Malen, beim Singen, beim Vorlesen, beim Turnen, immer sind die Kuscheltiere dabei. Interessant dabei ist, daß ängstliche Kinder sehr viel mutiger werden, wenn sie ihr Kuscheltier im Arm haben.

Kleine Schmusekatze

Diese Schmusekatze ist ein knuddelweiches Wolltier, das die großen Kinder selber machen, genauer gesagt, selber stricken können.

Für die kleinen Kinder ist von eifrigen Müttern oder Großmüttern so eine Katze an einem Elternabend oder Bastelnachmittag schnell gestrickt.

Die Katze kann 30 bis 50 cm groß sein, aber auch klitzeklein, zum Beispiel 10 cm oder noch kleiner. Das Modell bleibt gleich, wird entweder im Quadrat gestrickt und zusammengenäht oder mit Rundstricknadeln als Schlauch gestrickt. Wer will, kann Beine und Arme extra stricken. Aber das muß nicht sein.

Und so geht es weiter:

Die Figur weich mit Füllwatte ausstopfen, zusammennähen, die Hosenbeine, Arme und Ohren abnähen, um den Hals eine Kordel binden, so daß gleichzeitig der Kopf abgebunden ist, und mit bunter Wolle das Katzengesicht aufsticken.

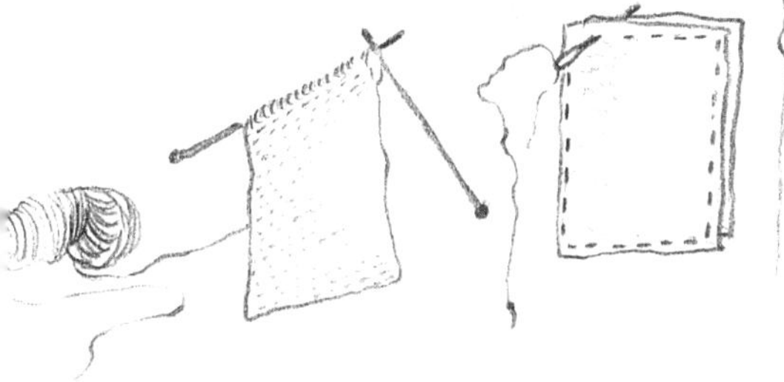

Hasibold, mein Schmusetier

Text und Melodie: Gerhard Schöne

Hasibold, mein Schmusetier,
gerne kuschel ich mit dir.
Hab dein Näschen blank geküßt,
weil du mir das Liebste bist.

Bin ich traurig, sag ich's dir.
Du bist immer lieb zu mir.
Schmiege ich mich an dein Fell,
trocknen alle Tränen schnell.

Wenn ich in die Ferien fahr,
kommst du mit, das ist doch klar!
Ich erkläre dir die Welt,
Löwenzahn und Himmelszelt.

Bist ein bißchen schmuddelig,
aber sehr, sehr knuddelig.
Sicher riechst du schon nach mir,
Hasibold, mein Schmusetier.

FR AK

Von Bären und Dinos

Fast jedes Kind hat ein Lieblingstier: Ist es der große, starke Elefant, der lustig watschelnde Pinguin, der geheimnisvolle, riesengroße Dinosaurier oder der dicke, kuschelige Bär? Mit Kennermiene erzählen die Kinder von ihren Lieblingstieren, sammeln Bilder von ihnen, Plüschfiguren oder kleine Spielzeugfiguren. Ist ein Tier mal zum Lieblingstier auserkoren, dann kann die Freundschaft lebenslang anhalten, und die kleinen Sammelfigürchen auf dem Schreibtisch oder im Wohnzimmerregal erinnern daran.

Wenn die Lieblingstiere zum Tagesthema werden, dann sind die Kinder sehr aufmerksam. Sie wollen mehr über ihr Tier wissen, Bilder von dessen Lebensraum sehen, Geschichten von der Lebensweise hören, Lieder von ihm singen und Spiele mit den Tierlieblingen machen. Dazu einige Ideen, stellvertretend für alle Lieblingstiere treten auf dieser Seite Bären und Dinos auf.

Bären-Theater

Bei diesem Bärentheater können die Kinder als kleine Bären miteinander reden und sich all das erzählen, was sie über die Bären wissen.

Aus Pappkarton wird ein lustiges Bärengesicht mit einem langen Hals ausgeschnitten, mit aufgeklebten Perlenaugen und Fell- oder Plüschstoffohren. Das Bärenfell ist brauner Stoff oder Plüsch und wird so zusammengeheftet, daß die Hand hineinschlüpfen und das Bärengesicht am Hals festhalten kann. Im Kasperltheater entsteht mit selbstgebastelten Pappbäumen und Papierknäuelbüschen ein Bärenwald.

Beginnen Sie mit dem Bärenspiel: Mit tiefer Stimme erscheint der große Bär und erzählt den Kindern von seinem Bärenleben. Dann fragt er nach den kleinen Bären, diese kommen der Reihe nach auf die Bühne, unterhalten sich mit dem großen Bären und erzählen von den andern Bären, die es im Kindergarten oder zu Hause gibt, und wie sie leben.

Die Dinos leben im Sandkasten

Die Geschichte der Dinosaurier ist für Kinder immer wieder bewegend. Da lebten vor Urzeiten riesengroße Tiere, hoch wie ein Haus, stark wie ein Bagger und auch ein bißchen gefährlich. Und dann sind sie aus der Welt verschwunden. Der Grund dafür ist nicht bekannt. Es gibt verschiedene Theorien darüber, aber keine ist bewiesen. Wie aufregend und geheimnisvoll das auf die Kinder wirkt.
Interessant ist auch, daß die kleinen Dinos aus Eiern geschlüpft sein sollen, wie die Kücken oder die kleinen Krokodile. Auch das ist sonderbar, fast wie ein Märchen, doch ganz bestimmt wahr, das zeigen die Funde. Inzwischen gibt es viele Bilderbücher und Spielzeugmodelle von Dinosauriern. Mit dem Dino-Boom sind die Kinder Dino-Experten geworden und können die Plateosaurier, Stegosaurier, Triceratops und Tyrannosaurier, und wie sie alle heißen, voneinander unterscheiden.

Wenn also alle Kinder mitmachen und jeder aus Ton oder Salzteig einen Saurier seiner Wahl formt und gestaltet, dann kann bald auf der Wiese oder im Sandkasten das Saurier-Spiel-Leben beginnen und gewiß eine Woche lang dauern, mit phantasievollen Geschichten, lustigen Liedern und weiteren Spielaktivitäten.

Ich hab 'nen Elefant im Garten

Da steht der kleine graue Elefant mit seinen Riesenohren und seinem langen Rüssel, und die Kinder betrachten ihn stolz, denn sie haben an diesem Modell mitgearbeitet. Sie mußten viel Geduld aufbringen, es dauerte ein paar Bastelnachmittage, bis der Elefant fertig war. Das geht so:

Draht-Elefant mit Gipshaut

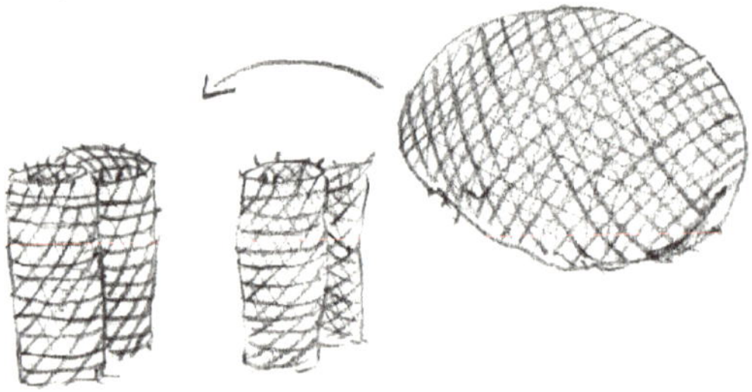

1. Aus Maschendraht wird die Figur zurechtgebogen, mindestens einen Meter hoch sollte sie sein, es geht auch größer! Vier zur Röhre gebogene Teile sind die Beine, sie werden an den dickbauchigen runden Körper mit Draht festgebunden.

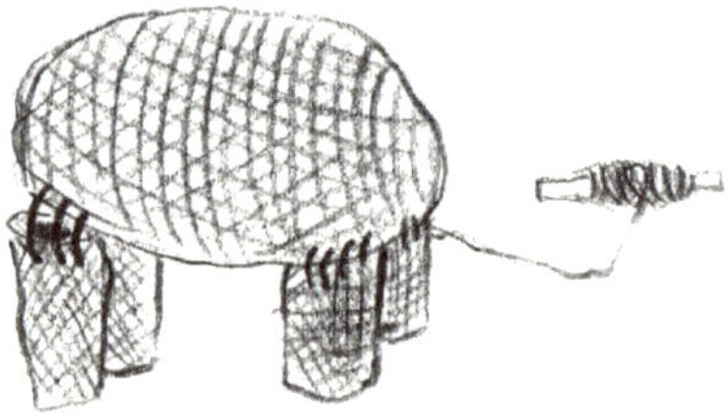

2. Dann kommt der große Kopf dran, mit breiten, abstehenden Ohren und einem langen Rüssel, alles aus Maschendraht gebogen, geschnitten und mit Draht aneinander befestigt. An dem Drahtmodell kann man mehrere Tage arbeiten, das macht nichts, es soll schließlich ein großer Elefant werden.

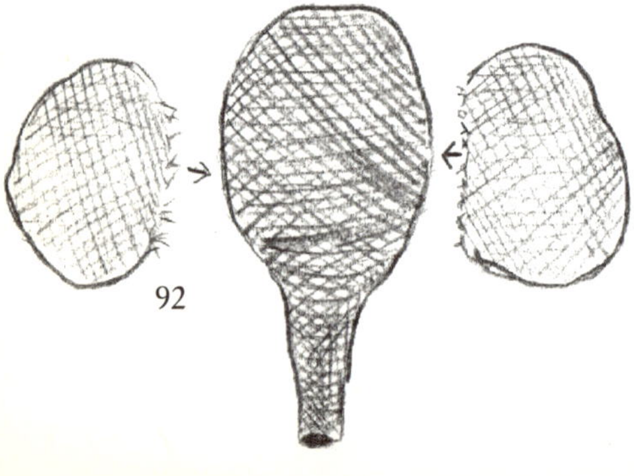

3. Als nächstes entsteht die Elefantenhaut. Es sind alte Laken, die in Gipsbrei getaucht und über das Drahtgestellt gelegt werden. Dabei zuerst die Stoffbahnen zurechtschneiden, probeweise über den Draht-Elefant legen und prüfen, ob ausreichend viel Stoff zur Verfügung ist. Mindestens zwei Lagen Stoff sollten überall sein.

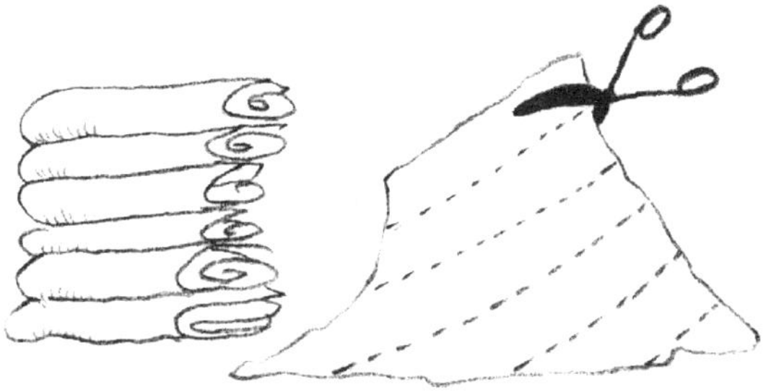

4. Jetzt wird in einer alten Plastikwanne ein dünnflüssiger Gipsbrei zusammengerührt.

5. Dann geht es weiter: Gummihandschuhe anziehen, einen Stoff nehmen, in den Brei eintauchen, etwas auswringen und auf das Drahtgestellt legen, rasch den nächsten Stoff nehmen, eintauchen und auflegen. Achtung, der Gips trocknet schnell. Man kann auch erst am nächsten Tag die zweite Schicht auflegen.

6. Ist der Elefant trocken, wird er mit wasserdichter Farbe angemalt und zum Schluß lackiert.

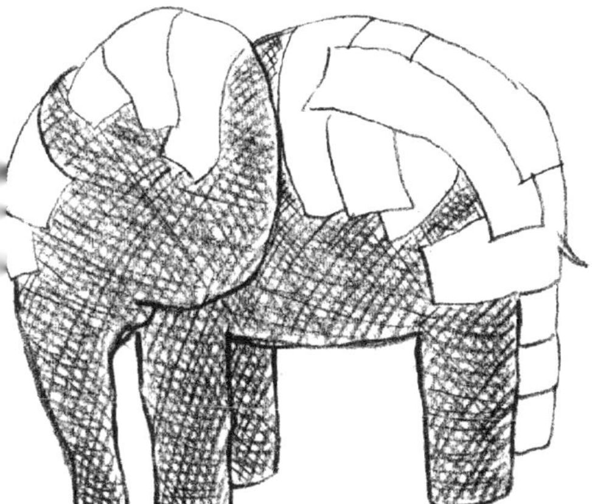

Lieber, lieber Baum

Das ist mein Baum

Jonas hat letztes Jahr im Garten einen Apfelbaum gepflanzt, der so groß war, wie er selber. Dieses Jahr ist der Baum schon größer als Jonas. Jonas ist ein bißchen stolz auf seinen Baum, denn er hat ihn „aufgezogen“, ihm bei Trockenheit Wasser gegeben, gegen Ungeziefer einen Klebering verpaßt, seine Äste geschnitten. Er hat sich genau erkundigt und erklären lassen, wie man mit einem Baum umgeht und ihn richtig pflegt. Er fühlt sich verantwortlich für seinen kleinen Freund.

Manchmal steht er vor dem Bäumchen und denkt sich aus, wie dieses in zehn Jahren aussehen wird. Sein Baum wird groß und kräftig sein, größer als Jonas und vielleicht schon so stark, daß Jonas seinen Stamm hinaufklettern und auf seinen Ästen schaukeln kann. Aber so etwas wie ein Freund wird er immer bleiben.

Manchmal redet Jonas in Gedanken mit dem Baum und erzählt ihm, was ihn beschäftigt. Und wenn sich dann die Blätter des Baumes bewegen, meint er, eine Antwort von seinem Baum zu bekommen. Dieses Gedankenspiel gefällt Jonas. Es ist wie eine Meditation, er wird ruhig, die Gedanken konzentrieren sich auf das Wesentliche, die freudigen oder traurigen Gefühle werden bewußt wahrgenommen, und Lösungen für seine Probleme kommen ihm in den Sinn. Es ist schön, so neben dem Baum zu sitzen und zu träumen.

Freundschaft mit einem Stück Natur

Solche oder ähnliche Erlebnisse mit der Natur bereichern ein Kinderleben. Wenn Sie den Kindern diese Geschichte von Jonas erzählen, könnte das die beste Motivation zum Nachahmen sein. Hierzu weitere Anregungen:

Einen Baum pflanzen

Schauen Sie sich im Garten des Kindergartens um. Gibt es da eine Ecke, in der sich die Kinder nicht aufhalten? Das wäre zum Beispiel ein Platz, wo man einen oder mehrere Bäume oder Büsche anpflanzen könnte. Klar, daß bei der Bepflanzung die Kinder mitmachen. Da gibt es allerhand zu lernen. Eben das, was Jonas mit seinem Baum auch erfahren hat.

Feste feiern mit dem Baum

So einen Baum im Garten können die Kinder in ihr Kindergartenjahr einbeziehen. An Fasching zum Beispiel wird er mit Luftschlangen verziert und beim Sommerfest mit bunten Fähnchen geschmückt, im Herbst sammeln sie seine bunten Blätter, und im Winter hängen sie Futterhäuschen an die Zweige.

Den Baum beachten

Die Kinder können ihren Baum beobachten, wie sich Knospen bilden, wie neue Zweige wachsen, wie Tiere seinen Stamm hochkrabbeln, wie sich Vögel auf den Zweigen niederlassen, wie sich der Baum auf den Winter vorbereitet.
Die Kinder können ihren Baum abmalen, die Blüten fotografieren, den Stamm messen, die Blätter pressen und die Früchte ernten. Sie werden an seinen Blüten schnuppern, seinem Blätterrauschen lauschen, seine rauhe Rinde fühlen und seinen kühlenden Schatten spüren.
Eine Freundschaft mit einem Stück Natur wird geschlossen!

Meine Schätze

„Willst du mal meine Schätze sehen?" fragt Isabelle mit geheimnisvollem Flüsterton. Und da krempelt sie auch schon ihre Jackentasche um, ein buntes Taschentuch fällt heraus, alle vier Ecken sind eingeschlagen, und ein Geschenkband ist kreuz und quer rundum gewikkelt. „Du darfst es aber keinem verraten, was da drin ist!" sagt Isabelle und packt vorsichtig ihren Taschentuchschatz aus: Einen flachen Kieselstein, ein rotes Band mit einem Glöckchen vom Schokolade-Hasen, eine kleine Vogelfeder, einen Ring vom Kaugummiautomaten, ein rotglitzerndes Bonbonpapierchen und ein paar Krümel von den duftenden Lavendelblüten. Voller Stolz nimmt sie jedes Stück in die Hand, ihre Augen strahlen, und sie erzählt die Geschichten zu diesen Schätzen.

Na klar, zu solchen wunderbaren Schätzen gehören nun mal wunderbare Schatz-Geschichten. Ob diese wahr sind oder ein bißchen was dazuphantasiert wurde, das ist nicht wichtig, Hauptsache, sie sind so schön geheimnisvoll wie die Schätze!

Schatz-Geschichten

Überraschen Sie doch Ihre Kinderschar mit Ihren Schätzen und Phantasie-Geschichten, zum Beispiel so:
Als ich letzten Sonntag im Wald spazieren ging, da sah ich eine kleine Zwergenmütze auf dem Weg liegen. Ich hob sie auf, doch da zeterte neben mir ein kleiner Wicht und bot mir einen Kieselstein an, wenn ich ihm die Zwergenmütze wiedergäbe. Dieser Kieselstein sei ein Glücksstein, wenn ich ihn bei mir trüge und gute Gedanken hätte, dann würde ich Glück haben. So sprach der Zwerg. Also tauschte ich die Zwergenmütze gegen diesen Kieselstein ein. Hier ist er!
Und alle Kinder werden mit großem Erstaunen den bunten Kieselstein betrachten. Ob die Geschichte wahr ist? Zwinkern Sie mit den Augen, diese Antwort genügt und macht den Kindern Mut, auch mal einen geheimnisvollen Schatz mitzubringen und eine aufregende Geschichte dazu zu erzählen.

Schatzkästchen

Die gesammelten Schätze müssen natürlich in einer wunderbar schönen Schatzkiste aufbewahrt werden. Jedes Kind bastelt seine eigene Schatzkiste.
Ein Schuhkarton wird zuerst mit Buntpapier beklebt, dann kommen aus Goldpapier ausgeschnittene Sternchen dazu, auf einer Seite wird Glitzerstaub geklebt, auf die andere ein mit Stoff bezogenes Wattebällchen, das herrlich duftet, weil es mit ein paar Tropfen Lavendelöl beträufelt ist, ein Glöckchen wird mit Goldfaden an den Deckel geknüpft und baumelt und klingelt, wenn man die Schatzkiste bewegt, aus schmuseweichem rosa Plüschstoff ist ein Herz ausgeschnitten und aufgeklebt, zum Fühlen und Drüberstreichen.
Dies und andere Accessoires können einen normalen Pappkarton in die schönste, geheimnisvollste Schatzkiste verwandeln. Innen wird sie mit Samtstoff ausgeschlagen, und was sonst noch drin ist, das ist geheim! Es ist ja schließlich eine Schatzkiste, und die zeigt man nur den liebsten Freunden. Welch eine Ehre, wenn Sie auch mal reinschauen dürfen!

Wunder-Welt

Auch hier ist eine Schuhschachtel gut zu gebrauchen. In den Schachteldeckel wird ein Lichtschacht eingeschnitten, so groß wie eine Hand, und mit blauem oder rotem Pergamentpapier überklebt, so daß in die geschlossene Schachtel farbiges Licht fällt. Dann in eine Seitenwand ein kleines Guckloch einschneiden und mit farbigem Pergamentpapier oder mit Farbfolie bekleben. Nun wird die Schachtel innen hübsch ausgestattet, mit Glitzerpapier, Goldsternchen, Glimmerpulver, Samt und was den Kindern sonst noch gefällt. Geheimnisvoll wirken kleine Taschenspiegel, die an die Seitenwand geklebt werden. Nun wird die Schatzkiste gefüllt. Wer will, kann ein paar Schätze auch an einem Band am Schachteldeckel aufhängen und in die Schachtel baumeln lassen.
Und wer nun durch das Guckloch in die Wunderkiste schaut, wird eine wahre Wunderwelt erblicken, mit geheimnisvollen Dingen, glitzernden Wänden, schaukelnden Schätzen.

Geliebter Ringelpulli

Von manchen Kleidungsstücken können sich die Kinder wirklich nicht trennen. Warum wohl? Fragen Sie die Kinder. Die Antworten könnten sein: Weil es meine Lieblingsfarbe ist, weil ich da so gut reinpasse, weil es so weich ist, weil es so gut riecht, weil es mir gehört, weil ich es zum Geburtstag geschenkt bekommen habe. Kurzum: Die Kinder finden, daß das Kleidungsstück ein Teil von ihnen ist. Doch das alles nützt nichts, wenn der Pulli oder die Hose zu klein geworden ist. Der Jammer ist groß! Da können nur noch diese Bastelideen weiterhelfen:

Kleiderpuppe

Lauter Lieblingskleider, die zu klein oder total abgetragen sind, werden gesammelt. Ist von Kopf bis Fuß genügend zusammengekommen, also Mütze, Schal, Pulli, Handschuhe, Hose und Socken, dann kann man die Kleiderpuppe nähen.

Alle Kleider werden mit Wollresten, Stoffresten und Füllwatte weich ausgestopft und aneinandergenäht. Als Puppenkopf wird ein weißer, rosa oder beiger Stoff zurechtgeschnitten, zusammengenäht, das Gesicht aufgestickt oder mit Stoffmalfarben aufgemalt und schließlich auch mit Füllwatte ausgestopft und zwischen Mütze und Pulli genäht. Zum Schluß wird ein Schal um den Hals gebunden.

Die Begeisterung der Kinder wird groß sein, nun brauchen sie sich niemals von ihren Lieblingssachen trennen! Die Puppe ist weich und leicht und kann als Kissen-Ersatz in jeder Ecke sitzen, zum Anlehnen, Ankuscheln, Draufliegen. Und was wohl in der Hosentasche der Kleiderpuppe stecken wird? Das geht uns Erwachsene nichts an!

Ringel-Kuschel-Kissen

So ein Kissen können die Kinder selber machen, als Trost für den zukünftigen Verzicht auf den geliebten Ringelpulli. Der Pulli wird auf dem Tisch ganz glatt gestrichen und dann oben und unten abgeschnitten, so daß eine rechteckige Kissenform entsteht. Den Pullistoff wenden und oben und unten mit Steppstichen zunähen. Wenn man diesen Stich den Kindern zeigt, können sie ihr Kissen mit dicker Nadel und dickem Faden selbst nähen! Eine Seite nicht ganz zunähen, sondern zuvor das Kissen mit Füllwatte weich ausstopfen, dann zunähen. Fertig!
Es könnte sein, daß dies das Lieblingskissen des Kindes wird und viele Jahre einen Ehrenplatz auf dem Kopfkissen im Bett einnimmt. Das wäre schön!

Schmusekatze

Nach dem Modell auf Seite 87 kann aus dem Stoff des Lieblingspullovers auch eine Schmusekatze mit buntem Ringelfell genäht werden.

Patchwork aus Lieblingssachen

Das ist eine Arbeit für Mütter oder Großmütter, die gerne nähen und ihrem kleinen Liebling eine besondere Freude machen wollen. Die ausgedienten und zu klein gewordenen Lieblingskleidungsstücke werden gesammelt. Ist genügend zusammen, werden die Kleidungsstücke in viele, gleichgroße Quadrate geschnitten, etwa 15 x 15 cm, und als Patchwork wieder zusammengenäht. Daraus kann ein großes Kissen oder sogar eine Decke genäht werden.
Was für eine Überraschung für das Kind. Es wird die einzelnen Stoffstückchen anschauen, an seine Lieblingssachen denken und davon berichten, was es alles erlebt hat, als es dieses oder jenes Kleidungstück trug. Ein wunderschönes, vielleicht sogar lebenslanges Andenken an die Kinderzeit.

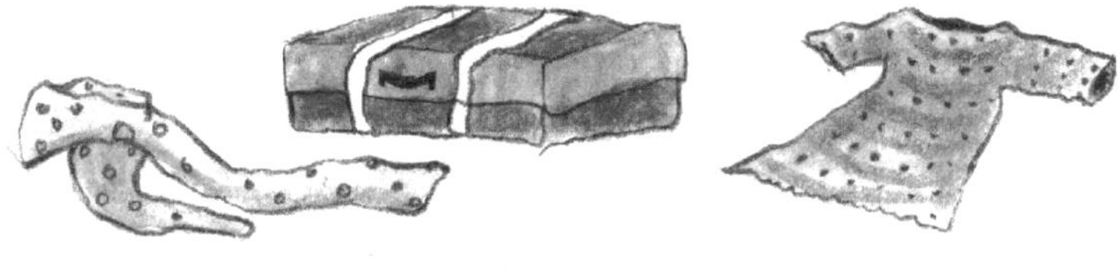

Rot ist meine Lieblingsfarbe

Willst du das rote oder blaue Auto? Willst du den gelben oder lila Ball? Nimm doch deine Lieblingsfarbe! Die Kinder dürfen wählen. Doch, was ist nur ihre Lieblingsfarbe? Manche Kinder wissen das wirklich nicht. Sie mögen zum Beispiel die große gelbe Sonne, aber auch die bunte Blumenwiese, den lila Luftballon, den braunen Knuddelbär und die flauschige himmelblaue Wolljacke.

Rot ist nicht gleich rot

Die Kinder werden auch oft gefragt: Kennst du schon die Farben? Nur ungern geben sie zu, daß sie die Bezeichnungen der Farben noch nicht aufsagen können. Wo sie doch die Farben so mögen!

Farben sind ja auch eine schwierige Sache. Da gibt es den knallroten Bauklotz und die blasse, rote Straßenkreide. Beides ist rot, aber das Rot des Bauklotzes ist schöner. Und da gibt es das dunkle Blau des Sommerhimmels und das helle Blau des Morgenhimmels, beides ist himmelblau und doch anders.

Lieblingsfarben

Doch bald lernen die Kinder diese Farbenvielfalt zu unterscheiden und merken auch, daß ihnen eine Farbe besonders gefällt. Rot gefällt den meisten kleinen Kindern am besten, weil sie rot schon im Säuglingsalter erkennen konnten. Später bevorzugen viele Mädchen rosa, die Jungen hingegen mögen lieber blau oder grün. Oft hängt die Wahl einer Lieblingsfarbe von anderen Dingen ab, zum Beispiel, wenn Tom die Farbe grün schön findet, dann gefällt auch seinem Freud Till diese Farbe am besten, klarer Fall! Oder wenn die Lieblingstante immer blaue Kleidung trägt, weil sie blau so mag, dann eifert die kleine Nichte ihrer Tante nach und sagt allen Leuten, daß blau ihre Lieblingsfarbe ist. Vielleicht sollten wir Erwachsenen unsere Fragerei nach der Lieblingsfarbe sein lassen. Warum soll sich ein Kind auf eine bestimmte Farbe festlegen? Es gibt so viele schöne Farben!

Farben-Tage

Jeden Tag lernen die Kinder eine andere Farbe kennen. Am Rot-Tag werden auf einem extra Tisch alle Sachen gesammelt, die rot sind, Spielsachen, Bastelsachen, Puppenkleider, Murmeln usw. Da kommt allerhand zusammen. Am nächsten Tag ist Blau-Tag, da wollen die Kinder lauter blaue Sachen anziehen, Jeans, Pullis, Halstücher, Socken. Und am Gelb-Tag werden mit gelber Fingerfarbe auf alle Fenster gelbe Sonnen gemalt, am Grün-Tag gibt es grüne Spaghetti und am Lila-Tag malen sich die Kinder mit Schminkfarbe lila Tupfen auf die Wangen. Weitere Ideen zu den Farbentagen:

- Die Kinder malen ein Bild nur mit der einen Farbe;
- sie suchen draußen in der Natur nach der Farbe;
- sie sammeln Sachen und ordnen sie nach der Farbintensität;
- sie schminken ihr Gesicht in der Farbe;
- sie stellen aus Naturmaterial selber die Farbe her, siehe auch Seite 66;
- sie färben ein Papier mit der Wasserfarbe ein und falten sich einen Papierhut, bemalen ihn mit weiteren Farbklecksen dieses Farbtons;
- sie schneiden sich Kreppapierbänder in dem Farbton, nehmen ein Büschel in die Hand und tanzen und drehen sich zu schwungvoller Musik, lassen die Bänder flattern und sehen beinahe wie Farbkreisel aus.

Je mehr den Kindern die Lust an der Farbenpracht vermittelt wird, desto phantasievollere Ideen haben sie, wie man den Farbentag gestalten, mit den Farben spielen oder den Raum mit dieser Farbe schmücken kann.

Zum Abschluß der Farbentage gibt es einen „bunten Tag“. Die Kinder suchen nach Dingen, die besonders bunt und farbenprächtig sind, zum Beispiel der Ringelpulli, die Burg mit bunten Bauklötzen, das Bild aus bunten Muggelsteinchen, bunte Perlenketten, selbstgemachtes buntes Knete-Mischmasch, ein Fenster mit bunten Farbkringeln und vergnügte Kindergesichter mit bunten Schminkpunkten.

Farben-Wörter sammeln

Das ist etwas für die Schulkinder, die Spaß am Wörtersammeln haben. An jedem Farben-Tag werden andere Wörter aufgelistet, bei Rot könnte die Wörterliste so beginnen: knallrot, rosarot, dunkelrot, hellrot, mattrot, rostrot, rosenrot, feuerrot …

Wer ein Rot-Wort gefunden hat, bekommt einen roten Schminkpunkt auf die Wange gemalt, für besonders ausgefallene Wörter gibt es zwei Punkte.

Erzähl's mir noch einmal

Lieblingsgeschichten können die Kinder wieder und wieder hören, so oft, daß uns Erwachsenen manchmal die Lust vergeht. Woher kommt nur dieser Spaß an der Wiederholung?
Die Kinder genießen es, wenn sie wissen, wie die Geschichte, der Reim, das Lied und das Spiel weitergeht. Bei aufregenden Geschichten wissen sie, daß alles gut ausgeht, bei Reimem können sie mitreden, bei Liedern lauthals mitsingen, bei Spielen kennen sie die Spielregeln und manchen Trick dazu. Keiner muß ihnen etwas erklären, sie wissen einfach Bescheid. Sie fühlen sich tüchtig, klug, erfolgreich und sehr gescheit. Das wollen sie immer wieder erleben – und genießen.

Die Erwachsenen brauchen Abwechslung

Nun gilt es einen Weg zu finden, daß auch wir Erwachsene gerne die Geschichte, den Reim oder das Lied wiederholen und den Kindern den Spaß an der Wiederholung nicht verderben, weil wir uns langweilen. Wir Erwachsenen brauchen eben mehr Abwechslung, dann sind wir interessiert und begeistert bei der Sache. Deshalb zeigt diese Seite Ideen, wie trotz endloser Wiederholung einer Geschichte, eines Reimes oder

eines Liedes immer wieder etwas Neues entsteht, so daß es für groß und klein spannend bleibt.

Bilderbuch malen

Die Kinder malen viele Bilder von der Geschichte, von den Liedstrophen oder Versen des Reimes. Jeden Tag kommt ein neues Bild dazu. Nach jedem Vorlesen, Erzählen oder Singen malt das Kind das nächste Bild. Mit diesen Fragen zum Beispiel können Sie die Bilderbuch-Maler animieren:
1. Bild: Was gefällt dir bei der Geschichte am allerbesten?
2. Bild: Wie beginnt die Geschichte?
3. Bild: Was passiert dann?
4. Bild: Was war der Schluß der Geschichte?
5. Bild: Welche Person magst du am liebsten?

Zum Schluß werden alle Blätter zusammengeheftet, und das Bilderbuch bekommt einen festen Einband aus Kartonpapier.

Guckkasten-Theater

Die Theaterbühne ist ein großer Verpackungskarton. Die Oberseite und Vorderseite werden herausgeschnitten. Das Bühnenbild wird an den Seitenwänden festgesteckt, die Requisiten auf die Bühne gestellt. Kommt ein Haus oder ein Schloß in der Geschichte vor? Braucht man als Bühnenbild einen Wald, eine Stadt, eine Berglandschaft, ein Märchenschloß oder ein Kinderzimmer? Alles wird von den Kindern selber gemalt, ausgeschnitten und zusammengeklebt. Auch die Figuren sind selbstgemalt, ausgeschnitten und werden an Fäden gehalten, damit sie auf der Bühne hin- und herbewegt werden können.

Immer, wenn die Geschichte wieder mal erzählt wird, basteln die Kinder anschließend ein neues Teil für das Guckkasten-Theater, entweder eine Person, oder ein Teil des Bühnenbilds oder eine Requisite. So entsteht nach und nach das Guckkasten-Theater. Das kann lange dauern. Wenn eines Tages alles fertig ist, können die Kinder beim Erzählen gleich mitspielen. Und ganz bestimmt werden sie bald selber die Geschichte erzählen und aufführen wollen.

Hörcassette

Die Geschichte auf Cassette aufnehmen, das ist auch eine aufregende Sache! Dabei werden immer nur einzelne, kleine Szenen aufgenommen. Praktisch ist es, wenn Sie sich notieren, wie weit Sie letztes Mal mit der Aufnahme gekommen sind.

Doch zuerst erzählen Sie den Kindern die ganze Geschichte. Denn das ist es ja, was die Kinder so gerne wollen, die Wiederholung! Anschließend geht es an die Arbeit. Hierzu ein paar praktische Tips für das Hörspiel:

Zuerst einen kleinen Abschnitt aus der Geschichte auswählen, dann die Rollen verteilen. Wer spricht was? Der Erzähler sind Sie, und immer dann, wenn in der Geschichte eine Person zu Wort kommt, halten sie kurz an, die Kinder proben ihre Sprechrolle. Dann wird die Szene gleich aufgenommen. Geht eine Aufnahme daneben, kann man ja alles löschen und wiederholen.

Wenn Sie und die Kinder Spaß an Geräusch-Kulissen haben, dann können Sie jetzt loslegen mit den tollsten Geräusch-Experimenten. Sind zum Beispiel Schritte eines Riesen gefragt, dann stapft ein Kind trampelnd durch den

Raum, beim glucksenden Bach plätschert ein Kind im Waschbecken, beim Festmahl im Schloß klappern die Kinder mit Besteck, Tellern und Gläsern. Diese Geräuschespiele sind so interessant, weil immer neue Geräusche gesucht und ausprobiert werden.

Das wird Sie und die Kinder tagelang beschäftigen. Aber eines dabei nicht vergessen: Immer zuerst die Geschichte erzählen!

Das kann ich immer essen

„Was ißt du am liebsten?" Wer diese Frage den Kindern stellt, wird als Antwort ein begeistertes Gebrüll bekommen: Spaghetti, Pommes, Eis! Ja, das ist Kindergeschmack! Wie wäre es, wenn die Kinder ihre Lieblingsessen selber zubereiten würden?
Also, Küchenschürze umgebunden, und los geht's:

Spaghetti

Zeigen Sie den kleinen Köchen Schritt für Schritt, was zu tun ist, besser noch: malen sie auf Papier jeden Arbeitsgang, die Kinder können dann das Rezept abmalen:

1. in 2 l Wasser 1 Teelöffel Salz geben
2. Wasser erhitzen
3. Spaghetti dazugeben
4. Hitze auf Stufe 1 zurückdrehen
5. 2 Eßlöffel Öl hineingeben, das verhindert, daß die Spaghetti aneinanderkleben
6. etwa 10 Minuten kochen lassen
7. Nudeln mit Wasser in ein Sieb schütten
8. Spaghetti in eine Schüssel füllen und servieren

Pommes

Pro Kind braucht man 2 Kartoffeln.

1. Backofen auf 240° C vorheizen und Backblech gleich in den Ofen schieben, damit es heiß wird
2. Kartoffeln waschen und schälen
3. in 1 cm dicke Rädchen schneiden
4. die Rädchen in Streifen schneiden
5. Pommes in eine Schüssel geben, Öl darüber träufeln, für 4 Kartoffeln 1 Teelöffel
6. mit Topflappen das heiße Blech aus dem Ofen herausnehmen
7. Pommes auf das Blech legen, mit Salz bestreuen,
8. in den Ofen schieben
9. nach 15 Minuten die Pommes wenden, salzen und nochmals 15 Minuten backen

Eis

Am besten nimmt man einen Trinkbecher als Maßeinheit:

1. 1/4 Becher Wasser erwärmen
2. und in eine Schüssel gießen
3. 1 Teelöffel Gelatine darin auflösen
4. 2 Becher Milch, 1 Becher Kondensmilch und 1/2 Becher flüssigen Honig unterrühren
5. Schüssel mit Inhalt 2 Stunden ins Gefrierfach stellen
6. Eiscreme mit Rührgerät cremig schlagen
7. in mehrere Schüsseln verteilen
8. jetzt kann der Eisgeschmack gemixt und untergerührt werden, in jede Schüssel kommt etwas anderes, zum Beispiel klein gehackte Nüsse, kleingeschnittene Obststückchen, Sirup, geriebene Schokolade oder Vanillearoma
9. Eis nochmals 2 Stunden ins Gefrierfach stellen

Schoko-Sahne-Bonbons

1. 350 g Zucker, 70 g Rohzucker, 75 g Zuckersirup, 1/4 l Kaffeesahne, 50 g Butter, 40 g Kakao in einen Topf füllen und umrühren
2. etwa 50 Minuten lang bei geringer Hitze durchköcheln lassen, immer wieder umrühren
3. kleines Backblech mit Pergamentpapier auslegen und mit Öl einfetten
4. Zuckermasse einfüllen, glattstreichen, etwas abkühlen lassen
5. die noch weiche Masse mit einem mit Öl eingeriebenem Messer in Bonbons schneiden
6. Masse steif werden lassen
7. Bonbons herausbrechen
8. in Papierchen einwickeln

Mein Lieblingsplatz

Kleine Höhlenmenschen

Mit großem Eifer arbeiten Lars und Lena an ihrem „Haus". Sie ziehen über einen Tisch alte Vorhänge, so daß diese bis auf den Boden reichen, ein Schlitz ist die Haustür, eine Wäscheklammer das Türschloß. Sie schleppen Kissen und Decken an, das ist die Inneneinrichtung, und Bilderbücher, den rosa Plüschhund und die gestrickte weiche Wollschlange. Dann wird von innen die „Tür" zugeklammert, und nichts mehr ist von den beiden zu sehen. Aber drinnen im Tisch-Häuschen rumort und scharrt, kichert und plappert es.

Ein bißchen neugierig wird man jetzt. Was die beiden wohl machen? Doch der energische Ruf „Die Tür ist abgeschlossen!" schafft Klarheit. Die Kinder wollen unter sich sein, kein kontrollierender Erzieherblick erreicht sie, sie fühlen sich groß und selbständig. Sie haben schließlich ihr Haus selbst gebaut und können bestimmen, wer rein darf. Der Erwachsene akzeptiert das auch, klar!

Was ist schön an solchen Höhlen?

Wer die Kinder fragt, wird begeisterte Antworten bekommen. Es gefällt ihnen, in engen Höhlen und kleinen Hütten zu hausen, abgeschirmt, geschützt, übersichtlich, kuschelig, gemütlich. Hier sind die Kinder unter sich, Geheimnisse werden ausgetauscht, jeder nimmt jeden ernst. Das ist es, was die Kinder suchen und brauchen.

Zimmer-Zelt

Ein ausgedienter Gymnastikreifen dient als „Dachfirst", lange Stoffbahnen sind die „Wände" und mindestens 3 m lang. Ein Stoffsaum wird über den Reifen gehängt und festgenäht oder mit Sicherheitsnadeln festgesteckt. Der geeignete „Bauplatz" ist eine Nische oder Ecke. Dort wird an der Decke ein stabiler Haken angebracht und der Reifen mit Schnüren daran befestigt. Mit dieser Konstruktion kann man das Zelt höher und tiefer hängen. Es ist auch jederzeit abnehmbar, wenn man die Ecke zum Spielen braucht.

Familie

Manche Kinder wünschen sich sehnlichst ein „Zelt-Bett", in das sie sich verkriechen und verstecken können, wo sie Rückendeckung haben und sich sicher und geborgen fühlen, wenn sie allein sind und ein Schrank knackt oder der Wind durch den Rolladen pfeift. Mit Stoffbahnen oder einem Moskito-Netz ist dieser Wunsch der Kinder schnell erfüllt.

Platzhalter

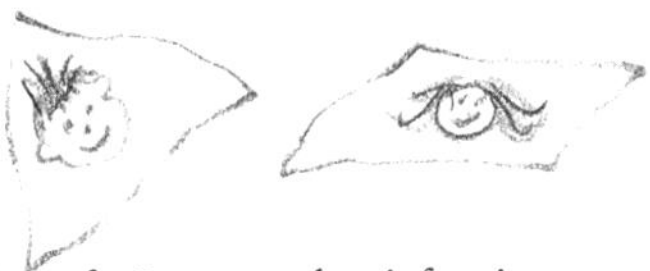

„Da sitze ich", ruft Lars und wirf sein Kissen schnell auf den Platz neben Lena. Die Spielregel ist die: Das Kissen ist ein Platzhalter, dort wo jemand sein Sitzkissen hinlegt, da ist auch sein Platz. Keiner darf das Kissen wegnehmen oder verschieben, ohne den Besitzer des Kissens zu fragen. Wie praktisch, wenn man schnell noch auf die Toilette muß oder sich eine Jacke holen möchte. Der Platz ist belegt, und man kann ohne Eile und Gerangel etwas Dringendes erledigen.
Diese Spielregel wird von allen Kindern akzeptiert. Doch dann brauchen alle ein eigenes Platzhalter-Kissen. Das geht so:

Jedes Kind bekommt einen Stoff, ca. 25 x 25 cm groß, legt ihn auf eine Zeitungsunterlage und malt mit Borstenpinseln und Textilfarben sein Gesicht drauf. Ist das Stoff-Portrait trocken, muß es von der Rückseite her gebügelt werden, damit die Farben waschecht bleiben. Dann wird das Stoffbild auf ein kleines Sitzkissen genäht oder mit Stoffkleber aufgeklebt. Fertig ist der Platzhalter – und gemütlich weich obendrein!
Man kann auch Stoff-Taschentücher, Stoffdeckchen oder Servietten als Platzhalter bemalen. Was immer ein Platzhalter sein wird, wichtig ist, daß die Spielregel mit den Kindern abgesprochen wird.

Kindergarten
Beim Vorlesen in der Kuschelecke, beim Stuhlkreis oder beim Essen gibt es kein Gedränge mehr, wenn einer die Platzhalter auslegt und die andern ihre Plätze suchen. Klar können Plätze auch getauscht werden, vorausgesetzt, die Beteiligten sind damit einverstanden!

Familie
Wie wäre es, die Stammplätze bei Tisch einen Tag mal zu ändern und zum Beispiel den Jüngsten an den Platz des Familienoberhauptes zu setzen? Vielleicht könnte am nächsten Sonntag diese Ehre erteilt werden? Und wo soll diesmal der Besuch sitzen? Anstatt Tischkärtchen aufzustellen, sind Platzhalter-Tücher eine witzige Alternative.

Wenn ich drinnen spiele

Lebensräume mit Innenleben

Drinnen im Zimmer oder Gruppenraum zu spielen, das hat für die Kinder einen eigenen Reiz: So ein Raum ist überschaubar, alle Ecken und Nischen, alle Schränke und Schubladen sind erforscht, alle Dinge ringsum sind bekannt, Neues wird sofort erkannt. Die Kinder fühlen sich sicher, kennen alles, sehen alles, der gewohnte Stubengeruch ist da. Das gefällt den Kindern, hier fühlen sie sich wohl.
Im Kindergarten sind alle Dinge an ihrem Platz, damit es die andern Kindern auch wiederfinden. Das leuchtet ein. Im Kinderzimmer zu Hause ist eher ein Chaos, doch da ist das Kind der „Herr im Haus" und weiß trotz des ganzen Durcheinanders genau, wo was liegt. In Schulräumen und Klassenzimmern hingegen wird noch strenger Ordnung gehalten als im Kindergarten. Da hat jeder seinen Sitzplatz, Bücher und Lernmaterial charakerisieren den Raum. Vielleicht zeigen selbstgemalte Bilder an der Pinnwand oder ausgestellte Bastelarbeiten im Regal, daß hier Kinder ihren Tag verbringen.
So hat jeder Raum sein eigenes Innenleben, an das die Kinder sich gewöhnt haben, das ihnen mehr oder weniger gefällt, das ihnen aber vertraut ist und deshalb eine Sicherheit bietet.

Raum-Erfahrungs-Spiele

Diese Spiele helfen den Kindern, ihre Räume bewußt wahrzunehmen, sich darin zu orientieren und wohlzufühlen.

Spaziergang: Durch den Raum bummeln und schauen, was einem gefällt und was nicht. Schöne und ruhige Musik kann dazu beitragen, daß der Raum-Spaziergang gemütlich und stimmungsvoll wird. Anschließend werden in einem Gespräch die Gedanken und Beobachtungen ausgetauscht. Daraus entsteht vielleicht eine Initiative, den Raum zu verändern.

Blickwinkel: Die Ecken und Winkel, die den Kindern besonders auffallen, werden aufgespürt. Unter der Regieanweisung der Kinder werden davon Fotos gemacht und die dazugehörigen Kommentare der Kinder notiert, um diese später unter die ausgestellten Fotos zu schreiben.
Ein guter Einstieg für eine Diskussion mit der Kindergruppe unter dem Aspekt: Was ist besonders schön, was müssen wir ändern.

Besprechung: Was gefällt, was nicht, zum Beispiel der Farbanstrich der Wand, die Vorhänge, die Auswahl der Bilder an der Wand, die Bilderrahmen, die ausgestellten Bastelsachen? Mit den Kindern wird gemeinsam beraten, was wer wie ändern könnte. Nur Mut, Sie werden überrascht sein, welche originellen Tips die Kinder in die Diskussion einbringen, wie realistisch sie denken können und wie konkret ihre Vorschläge sind.

Spielsachen-Album

Besonders gelungene Spielszenen und Bauwerke werden fotografiert, das Foto vergrößert und in ein Spielsachen-Album geklebt. Eine tolle Erinnerung für die Kinder. Da fällt es ihnen nicht mehr so schwer, die aufgebauten Spiele wieder wegzuräumen. Sie können ja im Album immer wieder nachschauen, sich erinnern und freuen, wie schön ihr Spiel war. Wetten, daß dieses Fotoalbum das Lieblingsbilderbuch der Kinder wird?!

Kindergarten
Die aufgestellte Spielzeugstadt, die Szenen in der Puppenecke, das Kunstwerk in der Bauecke sollte immer wieder mal bis zum andern Tag stehen bleiben können, zum Weiterspielen. Ein großes Schild wird davor aufgestellt, als Zeichen dafür, daß andere Kinder die Spielsachen nicht wegnehmen dürfen. Diese Regel muß mit den Kindern vorher besprochen und vereinbart werden.

Familie
Wie wäre es, wenn Sie mal ganz lange mit Ihrem Kind im Kinderzimmer spielen und zum Beispiel eine große Spielzeugstadt aufbauen, oder Baukonstruktionen für eine Papierlandschaft erfinden und basteln, und vor allem das ganze Zimmer dafür beanspruchen, so daß am Abend das Kind nur noch auf Zehenspitzen in sein Bett kommt. Und alles bleibt liegen! Am andern Tag wird weitergebaut und viel, viel gespielt.
Zum Schluß werden viele Einzelheiten der Spiellandschaft fotografiert, ein Film reicht dafür gerade aus. Die Fotos werden später in ein Album geklebt. Sie schenken damit dem Kind ein tolles Erlebnis und eine Erinnerung, die es sein Leben lang nicht mehr vergessen wird.

Wenn ich draußen spiele

Draußen turnen und toben, rennen und klettern, das gefällt den Kindern sehr, und das brauchen sie auch dringend, um sich vom langen Stillsitzen oder konzentrierten Mitmachen zu erholen, zu entspannen, abzureagieren (siehe auch Seite 60). Unsere Aufgabe als Erzieherin und Erzieher ist dabei, den Kindern für dieses Bedürfnis ein phantasievolles, originelles Spiel- und Aktionsangebot bereitzuhalten, das die Kinder ansteckt, herausfordert, neugierig macht, lockt; kurzum: animiert.

Doch erfüllen der Spielplatz des Kindergartens, der Pausenhof der Schule oder der Garten der Familie diese Ansprüche? Es ist interessant, dies mit den Kindern zu erforschen, zu testen und zu prüfen. Kaum zu glauben, aber wahr, die Kinder sind hier ausgezeichnete Gesprächspartner, sie haben prima Ideen, ihre Kritik ist berechtigt, und sie haben originelle Einfälle, wie man etwas verbessern kann. Geben Sie den Kindern Gelegenheit, ihre Meinung zu äußern. Vielleicht kommt als Ergebnis heraus, daß noch allerhand zu verbessern ist. Na, dann kann es ja losgehen! Hierzu ein paar Anregungen mit interessanten Nebenaspekten:

Lieblingsplatz

Die Kinder gehen durch den Garten oder Hof, lassen sich viel Zeit dazu, so daß sie an allen Ecken und Nischen vorbeiwandern können. Zum Schluß bleibt jeder dort stehen, wo es ihm am allerbesten gefällt. Schauen Sie sich die Plätze dann gemeinsam an, und die Kinder versuchen zu begründen, was ihnen an diesem ausgesuchten Platz so gut gefällt.

Am schönsten, am blödesten

Jedes Kind bekommt zwei rote und zwei schwarze Papierfahnen, diese soll es im Gelände verteilen. Und zwar dort, wo es gerne spielt oder sich gerne aufhält, wird ein rotes Fähnchen mit Klebeband befestigt, und dort, wo es gar nicht gerne ist, ein schwarzes Fähnchen. Jeweils zwei gute und zwei blöde Spielbereiche werden damit gekennzeichnet. Vielleicht ist das Ergebnis eine Überraschung für Sie, wenn zum Beispiel am Klettergerüst viele schwarze Fähnchen kleben und hinter dem Haus neben dem alten Busch viele rote Fähnchen flattern.

Mit-Sprache-Recht

Nach diesen Spielen gibt es mit den Kindern viel zu besprechen. Schön wäre es, wenn darunter Ideen sind, die gleich in die Tat umgesetzt werden könnten. Auch langfristige Veränderungspläne können gemeinsam überlegt und Lösungsvorschläge miteinander besprochen werden. Anfangs werden die Gespräche mit den Kindern schleppend sein, weil die Kinder diese Art der Mitsprache nicht gewohnt sind. Doch wenn sie merken, daß sie wirklich mitsprechen können, dann werden die guten Ideen nur so hervorpurzeln.

Mit-Verantwortung

Der Nebeneffekt ist dieser: Die Kinder fühlen sich plötzlich für das, was im Garten passiert und wie der Garten aussieht, verantwortlich. Sie werden aufmerksam schauen, ob alles in Ordnung ist oder ob man etwas tun oder regeln muß. Und sie werden das tolle Gefühl haben, ernst genommen zu werden. Das macht stark!

Mein Gartenhaus

Weidenhütte

Dieses kleine Gartenhaus paßt in jeden kleinen oder großen Garten, kann entsprechend klein oder groß ausfallen und wird der Lieblingsplatz der kleinen und großen Kinder sein. Es ist eine Weidenhütte. Beim Aufbau der Hütte können die Kinder mit Hand anlegen. Eine Idee ist auch, mit den Eltern an einem Eltern-Nachmittag die Weidenhütte zu bauen. Für den Hüttenbau hier ein paar praktische Tips.

Hüttenbau

Bauplatz
Eine Ecke, in die man sich in aller Ruhe zurückziehen kann, also nicht neben Kletterstange und Sandkasten.

Baumaterial
Ruten, Stöcke, Stäbe, Äste, Zweige.

Baugerüst
Die längsten Ruten und Stöcke auswählen, entweder wie ein Zelt aufbauen und die Zeltspitze mit Draht und Schnur zusammenbinden; oder ein kleines Haus bauen, als Wände die Stäbe senkrecht in die Erde stecken, mit Stäben ein Dach darüber bauen und an den Wänden befestigen.

Hausbau
Zwischen die Stangen und Stäbe des Baugerüsts werden Äste und Zweige geflochten, je dichter, desto besser.

Hauswand
Rund um das Haus werden Kletterpflanzen angepflanzt, das können Feuerbohnen, Geißblatt, wilder Wein, Hopfen oder andere schnell wachsende Pflanzen sein. Sie können in Kübel gepflanzt werden, die rund um das kleine Haus aufgestelt sind, oder werden direkt in die Erde gesetzt.

Hüttenleben

Wenn das Weidenhäuschen fertiggebaut ist, dann gibt es großes Einweihungsfest. Mit bunten Bändern ist das Haus geschmückt, und die geladenen Gäste bekommen Saft und Kuchen. In der Hütte werden Geschichten erzählt und Lieder gesungen.
Ein andermal wird den Puppen das tolle Gartenhaus vorgestellt. Und eines Tages will auch der Kasperl in das Haus und den Kindern dort ein Kasperl-Theater vorspielen.
Auch rund um die Hütte gibt es für die Kinder viel zu beobachten: Im Frühling wachsen die Kletterpflanzen an den Stangen hoch, im Sommer wird das Naturhaus dicht bewachsen sein und Schatten geben, im Herbst färbt sich die Blätter-Hauswand bunt, im Winter wird eine Schneehaube das Dachgerüst zieren, und aufgehängte Futterhäuschen locken die Vögel an.

4. Kapitel

Wünsche, Träume und Geheimnisse

Heute bin ich jemand anders

„Heute bin ich die Prinzessin", da ist sich die kleine Julia ganz sicher, mit Vorhangschleier und alten Stöckelschuhen, mit geschminkt-verschmierten Lippen, rot-getupften Rougebacken und strahlenden Augen tippelt sie durch den Raum. Die Kinder schauen sie bewundernd an. Jetzt wollen sie auch schöne Prinzessin und mutige Prinzen sein. In der Ecke bei der Theaterkiste entsteht ein aufgeregtes Durcheinander, kichernd und grölend werden Stoffe und Vorhänge um Schultern und Hüften geschlungen, Hüte und Helme aufprobiert, wird in Leggins und Stiefel geschlüpft. Dann verlagert sich die Aufregung in den Waschraum, mit Theaterschminke malen sich die Kinder bunt an. Der Kindergartenraum verwandelt sich in ein Märchenschloß mit vielen Prinzessinnen, Schloßfräuleins, Königen, Rittern und anderen Helden. Und alle sind sehr stolz, fühlen sich großartig und warten darauf, daß nun etwas Aufregendes passiert.
Das ist der Moment, in dem Sie gefordert sind und die Kinder mit Spielideen begeistern können. Wird gemacht, zum Beispiel so:

Das Märchenspiel beginnt

Sie begrüßen die neuen Gäste feierlich, fragen nach den Namen, und woher jeder kommt. Jeder Gast wird einzeln und per Sie angesprochen. Das gefällt den Kindern, und ihre Mimik und Gestik bringt die neue königliche Abstammung zum Ausdruck.
Dann verwandeln Sie sich mit einem Zylinderhut in den Tanzmeister und bitten die feine Gesellschaft zum Tanz. Der Cassettenrecorder wird laut aufgedreht, und Sie führen die vergnügte Kinderschar in einer Polonaise durch den Raum. Danach verwandeln Sie sich mit Frack und Serviette in einen Lakaien und reichen auf einem Tablett den kleinen Herrschaften zur Erfrischung einen Becher Saft.
Jetzt können alle Platz nehmen, und wieder verwandeln Sie sich, diesmal in einen Märchenerzähler, mit einem Vorhang-Umhang und einem um den Kopf geschlungenem Handtuch-Turban. Sie erzählen den interessierten Gästen, was sich gestern hier im Schlosse zugetragen hat. Und langsam wird den Kindern klar, es ist das Märchen „Des Kaisers neue Kleider". Ein andermal erzählen sie dann vom „Gestiefelten Kater" oder von der „Prinzessin auf der Erbse".

Den ganzen Tag geht es weiter

Wenn die Kinder wollen, können sie eine einzelne kurze Szene aus dem Märchen nachspielen, wieder und immer wieder, bis alle Prinzessinnen einmal mitgespielt haben.
Den ganzen Tag können die Kinder in ihrer Rolle bleiben und weiterspielen. In der Puppenecke werden die Puppen als kleine Prinzen und Prinzessinnen angezogen, in der Bauecke entsteht ein Modell des neuen Schlosses, auf dem Basteltisch liegt Material für Papierkronen und Goldperlenschmuck, vielleicht wollen ein paar Kinder einen Schloßfrisiersalon einrichten und die feinen Herrschaften toll-verrückt frisieren, mit Bändern und Haarspangen. Im Garten steht ein kleiner Leiterwagen, das ist die Kutsche, wer will im Schloßpark, das ist der Garten, eine Runde fahren, wer will Kutscher sein und den Wagen ziehen?

Kinder müssen spielen lernen

All diese Ideen stecken die Kinder an, und sie werden bald eigene, phantasievolle Spielideen haben. Denn wenn die Kinder merken, daß sie in ihren Phantasiespielen ernst genommen werden und daß ein toller, aufregender Spieltag daraus wird, dann fühlen sie sich sicher und getrauen sich, ihre eigenen verrückten Ideen den andern zu erzählen.
Aber, wie gesagt, Spiele dieser Art müssen die Kinder erst lernen. Also, machen Sie mit und zeigen den Kindern den Reichtum des Phantasiespiels.

Bestimmt werden Sie dann eines Tages von den Ideen der Kinder überflügelt werden – und selber staunen können.

Familie
Wie wird das Kind zu Hause begeistert sein, wenn plötzlich aus einem normalen Sonntag ein phantasievoller Märchentag wird und alle Dinge des Tagesablaufs in das Märchenthema einbezogen werden. Das wird ein unvergeßlicher Kindertag!

Verwandlungsfoto

Eine lustige Bastel-Mal-Idee für die Kinder. Ein Kinderfoto, etwa in der Größe einer Postkarte, wird in einen Glasrahmen gesteckt und an die Wand gehängt. Und dann geschieht die wundersame Verwandlung: Mit Fenstermalkreiden wird das Glas übermalt, so daß aus dem Foto mal ein bärtiger Riese wird, mal Pippi Langstrumpf, mal Pumuckl, mal der Schornsteinfeger. Nur am Gesicht ist noch zu erkennen, wer hinter diesem Foto steckt. Übrigens: Die Farben kann man einfach mit einem feuchten Lappen wegwischen. Schon ist das Bild fertig für neue Verwandlungen.

Schule
Eine langweilige Fotowand wird hier zum kommunikativen Malspiel. Die einzige Spielregel: Jeder darf nur sein eigenes Foto verändern, jedoch so oft und so verrückt, wie er will!

Ich bin ein wildes Ungeheuer

Oh, wie blitzen bei Julia die braunen Kulleraugen, ihre Hände werden zu Tatzen, ihre Finger krümmen sich zu Krallen, sie macht einen Buckel, und es fehlt nicht viel, da ist sie wirklich ein wildes Tier. „Ich freß dich auf!“ faucht sie angsterregend und runzelt ihre Stirn in finstere Falten. Der Bösewicht ist perfekt, und Julia beobachtet aufmerksam ihre Wirkung auf die anderen. Hoffentlich bekommen die schreckliche Angst, rennen vor Schreck davon, fürchten sich fürchterlich vor ihr, hoffentlich. Julia probt den Aufstand. Immer eine brave, liebe Prinzessin zu sein, das macht ihr auch keinen Spaß! Wie schrecklich wild muß sie denn sein, daß die andern Angst vor ihr haben? Das will sie jetzt erfahren! Die Julia mit ihrem sonst so zarten Stimmchen beginnt zu röhren wie ein Hirsch, zu brüllen wie ein Löwe, zu stampfen wie ein wildgewordener Elefant und mit ihren geballten Fäusten zeigt sie ihre Bereitschaft, jeden Kampf anzunehmen. Das wirkt. Die einen rennen davon, man weiß nicht, ob sie eher lachen oder kreischen. Ein bißchen Ernst ist schon dabei, aber es bleibt ein Spiel, da sind sich alle einig.
Felix nimmt die Herausforderung an, knirscht mit seinen Zähnen, droht mit seinen Fäusten, kommt mit breiten, stapfenden Schritten auf das Julia-Ungeheuer zu, das Gerangel beginnt.

Was werden Sie machen?
Eine guter Rat: Drehen Sie sich weg, lassen Sie den Kindern die Chance, auch mal Ungeheuer zu sein, sich zu balgen und miteinander zu rangeln. Wer in die Rolle des wilden Kerls schlüpft, der will diese Erfahrung probeweise machen und seine Stärke und seine Wirkung testen. Wenn Julia beim Kampf der Ungeheuer unterliegt, dann wird sie das nächste Mal ihre Grenzen besser einschätzen können und sich nicht mehr auf eine Konfrontation mit Felix einlassen.

Ungeheuerliche Masken

Mit diesen Masken gelingt auch den schüchternen Kindern die Verwandlung zum Ungeheuer. Einmal ein wildes Tier sein, einmal in die Rolle des brüllenden Untiers zu schlüpfen, einmal ein wild tobender Bengel zu sein, das tut gut!
Die Spielform ist es, die so eine wildgewordene Kinderschar in Grenzen hält, dazu die Spielideen nebenan. Doch zuerst muß die ungeheuerliche Verwandlung passieren. Die Masken können und sollen die Kinder selber basteln, so kann jeder übertreiben und sich aufplustern, wie er selber will.

Ein Einkaufsbeutel aus Jute ist als Maske prima geeignet. An einer Seite wird ein rundes Loch ausgeschnitten, so groß wie ein Kindergesicht. Dann wird die Maske über den Kopf gezogen. Kann das Kind aus dem Loch schauen, oder ist das Loch zu hoch oder zu tief angesetzt? Die Maske nochmals abneh-

men und das Guckloch entsprechend vergrößern. Diese Maske ist prima geeignet auch für Brillenträger, weil das ganze Gesicht hervorschaut.
Jetzt geht es ans Verzieren, mit Wuschelhaaren aus Bast, Stroh oder Wolle, mit Bärten aus Moos, Gras oder Ästchen, mit Ohrschmuck aus Federn, Muschelketten oder Holzperlen. Alles wird aufgeklebt oder aufgenäht.

Achtung: Manchen kleinen Kindern gefällt das wilde Maskentreiben gar nicht! Sie bekommen große Angst, denn sie glauben, die andern würden sich wirklich in böse Tiere verwandeln! Sind in Ihrer Gruppe solche Kinder, dann sollten Sie darauf Rücksicht nehmen. Ein Vorschlag: Machen Sie mit den größeren Kindern einen Waldausflug und basteln und spielen dort die wilden Kerle.

Wilde Tänze

Maskenungeheuer, die wilde Tänze veranstalten, brauchen viel Platz. Eine Turnhalle oder ein Gymnastikraum sind da gerade richtig. Was getanzt wird, sollte man mit den Kindern besprechen, bevor sie ihre Masken aufziehen, zum Beispiel:

Wilder Reigentanz
Solange die Musik erklingt, rennen alle so schnell sie können ihre Runden. Einzige Spielregel: Nicht anrempeln! Wenn die Musik verstummt, heißt es anhalten, hinsetzen, die Maske wieder abnehmen und ein bißchen verschnaufen.

Toller Sprungtanz
Der nächste Tanz bringt Schwung in die Runde. Diesmal dürfen die wilden Kerle nur hüpfen, je höher desto besser. In hohen Sprungschritten geht es über das Tanzparkett. Wie lange? Bis die Musik verstummt.

Stampfen und Klatschen
Beim nächsten Tanz stampfen und klatschen die wilden Kerle im Rythmus der Musik jeweils abwechselnd viermal. Beim Klatschen müssen sie stehen bleiben. So gehen sie trampelnd und klatschend kreuz und quer über die Tanzfläche. Je lauter, desto besser.
Wenn die wilden Kerle dann immer noch nicht müde und matt sind, kann das Tanzprogramm wieder von vorne beginnen.

Mein unsichtbarer Freund

Die Geschichte von Manu

Sarah ist ein Träumerlein und hat viel Phantasie. Sarahs Geheimnis kennt nur ihre Mami: Sie hat einen großen Freund, er ist viel, viel größer als Papa. Er ist beinahe ein Riese, paßt gerade noch ins Zimmer. Aber niemand kann ihn sehen, nur sie. Für andere ist er wirklich unsichtbar. Er heißt Manu. Warum? Das weiß keiner.

Manu ist sehr stark, er beschützt sie vor dem großen Hund aus der Nachbarschaft. Manu ist lustig und erzählt witzige Geschichten, wenn sie allein zu Hause ist und auf ihre Eltern wartet. Manu tröstet sie, wenn sie traurig ist und keiner es weiß. Und Manu hört ihr zu, wenn sie etwas Unangenehmes erlebt hat und es jemandem erzählen will oder wenn sie auf ihre Eltern wütend ist und sich ungerecht behandelt fühlt.

Wenn Manu neben ihr steht, fühlt sich die kleine Sarah stark. Dann hat sie keine Angst vor dem Nachbarshund, fürchtet sich nicht allein in der Wohnung, und es wird ihr nie langweilig. Wie gut, daß es Manu gibt. Dieser Meinung ist auch ihre Mutter, zum Glück kann Sarah mit ihr darüber sprechen.

Vertrauenssache

Es gibt erstaunlich viele Kinder, die so einen unsichtbaren Freund haben. Hanna zum Beispiel hat immer ihren Stupsi dabei, das ist ein kleiner, frecher Hund, und der kleine Leo wird tatsächlich von einem Löwen begleitet, der immer neben ihm geht und den anderen Respekt einflößt, da ist sich Leo ganz sicher.
Die Kinder verraten ihr Geheimnis vom unsichtbaren Freund selten, weil sie befürchten, ausgelacht und verspottet zu werden.
Wenn Sie den Kindern nun von Sarah erzählen, dann könnte es sein, daß die Kinder Vertrauen gewinnen und auch von ihren großen unsichtbaren Freunden erzählen. Solche Phantasiegeschichten sind wunderschön und zeigen Ihnen als aufmerksamer Zuhörer eine bunte, reiche Kindertraumwelt. Träumen und phantasieren Sie mit.
Ein Gespräch über den Phantasiefreund ist auch für Sie sehr aufschlußreich. Sie erfahren zum Beispiel, was das Kind fühlt, was es ängstigt, stärkt oder glücklich macht.

Phantasie und Wirklichkeit

Wie groß ist dein Freund?
Was hat er dich gestern gefragt?
Wie heißt er?
Wie kannst du ihn rufen?
Was hat dein Freund gestern gemacht?
Woran erkennst du, daß er da ist?
Ihre Fragen lassen verschwommene Phantasie-Vorstellungen konkreter werden. Mit diesen Fragen bestätigen Sie dem kleinen Träumer, daß seine Traumwelt Gültigkeit hat, daß man darüber reden und Geschichten weiterspinnen kann.
Manchmal beginnt eine besondere Idee oder eine Problemlösung in der Phantasiewelt, und der Schritt zur Realität ist klein, das heißt die Realisierung ist sichtbar und machbar.
Die Kunst ist, die Trennung zwischen Phantasie und Wirklichkeit zu erkennen und jederzeit von der Phantasiewelt in die reale Welt umschalten zu können. Dabei gehen die phantastischen Gedanken und Ideen nicht verloren, im Gegenteil, sie bereichern die Gegenwart. Das können wir den Kinder vermitteln.

Im Wolkenkuckucksheim

Traumecke mit Wolkenhimmel

Der Himmel ist ein blaues Tuch oder ein Laken, das blau gefärbt wurde. Die Wolken malen die Kinder mit weißer Farbe und dicken Pinseln auf. Und so kann man den Wolkenhimmel aufhängen: Auf den Längsseiten des Stoffes werden breite Säume genäht, so breit, daß man Stäbe oder Besenstile durchschieben kann. Diese sind die „Deckenbalken" und werden an den herausstehenden Enden mit Schnüren oder selbstgedrehten Kordeln an der Zimmerdecke aufgehängt.

Traum-Landschaft

Die Sitzkissen der Kuschelecke unter dem Wolkenhimmel können die Kinder selber gestalten. Es sind ausgediente, weiße Kissenbezüge, sie werden mit Stoffmalfarben bemalt. Auf jedem Kissen entsteht eine eigene Traumlandschaft, zum Beispiel eine Blumenwiese mit Schmetterlingen, ein Teich mit Fischen, ein Wald mit hohen Tannen und Eichhörnchen und Häschen, eine Weide mit Schafen, ein Berg mit Ziegen und einer Berghütte, ein Fluß mit Dampfer, ein Bach mit Fröschen.
Auch Märchenkissen passen unter den Wolkenhimmel, mit Zwergen, Feen, Riesen, Kasperle und anderen wunderlichen Gestalten. Hauptsache: den Kindern gefällt's!
Gefüllt werden die Kissen mit weicher Füllwatte, da kann man die Kissen auch in der Waschmaschine waschen.

Duftende Kissen
Wie toll, wenn das Wiesenkissen tatsächlich nach Heublumen duftet, das Waldkissen nach Tannennadeln riecht und das Weidekissen Lavendelduft verbreitet! Das Geheimnis: Einfach ein paar getrocknete Kräuter oder Blüten in das Kissen geben oder ein paar Tropfen Duftöl auf die Füllung träufeln.

Spielräume – Phantasieräume

Spielräume müssen erobert werden, sich mit Erlebnissen und Erinnerungen füllen, Stimmungen auslösen, Atmosphäre erhalten, kurzum: Räume müssen sich „ihren Raum“ in der Spielwelt der Kinder erobern, so daß die Kinder sich in diesen Räumen gerne aufhalten, sich wohl fühlen, sich frei und sicher fühlen und ihrer Phantasie freien Lauf geben können. Dabei kommt es nicht auf die allgemeine Raumgestaltung und Raumaustattung an, sondern auf die Abenteuer, die die Kinder in diesen Räumen erleben, egal, ob es das Kinderzimmer zu Hause, der Gruppenraum im Kindergarten oder das Klassenzimmer der Schulanfänger ist. Dazu ein, zwei Anregungen:

Zwergenland im Kindergarten

Der Zimmereingang ist so klein geworden, daß man nur auf allen Vieren hineinkrabbeln kann. Jeder Kinderzwerg hat eine Zipfelmütze, die er aus Stoffresten selber kleben und mit einem Gummiband ums Kinn festbinden kann. Die Puppen und Teddybären bekommen Zwergenmützen aus Papier. Gegessen wird aus Puppengeschirr, im Sandkasten und in der Bauecke werden Zwergenlandschaften gebaut. Jeder bekommt einen Zwergennamen und malt ein Bild von sich als Zwerg, erzählt werden natürlich nur Zwergengeschichten – und am andern Tag ist der ganze Zwergenspuk wieder vorbei.

Ritterburg

Interessieren sich die Kinder für Ritter, sind Bilderbücher über die Ritter gerade beliebt, oder ist die Ritterzeit das nächste Thema des Lernstoffes in der Schule? Dann ist diese Burganlage im Zimmer gerade richtig. Anstatt der Türe ist eine Zugbrücke aus Pappkarton angebracht, die man mit Ketten oder Seilen auf- und ablassen kann. Die Fenster sind mit Zinnen aus Wellpappe versehen, anstatt der Bilder hängen an den Wänden gemalte Porträts von alten Rittern, eine selbstgebastelte Ritterrüstung aus Wellpappe steht in der Ecke, wer den Rittersaal betritt, muß seinen Papp-Ritterhelm aufsetzen, gegessen wird aus Holztellern, getrunken aus Blechnäpfen.

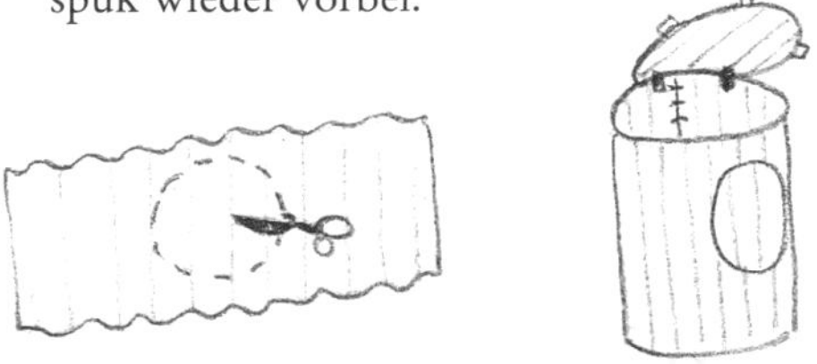

Ich kann Zwerge sehen

Wer einen Stein mit Loch findet und durchschaut, der kann ins Zwergenland schauen. Die Zwerge wohnen in der Erde, der Eingang ist am Fuße einer großen Eiche. Wenn Bodennebel über Wiesen und Äcker aufsteigt, dann kochen und backen die Zwerge und bereiten ein Fest vor …
Jede Blume hat eine kleine Elfe als Schutzgeist. Feen und Elfen sind Wesen, die sich um die Natur kümmern …
Ja, solche Aussagen kann man in alten Mythen nachlesen. Früher glaubten die Menschen an diese Naturgeister und waren bedacht, sie gut zu stimmen und ihnen mit Respekt zu begegnen.
Und heute? In Gesprächen mit Kindern könnte man manchmal meinen, daß diese die Zwerge, Elfen und Feen immer noch sehen. Es ist Vertrauenssache, wenn die Kinder uns Erwachsenen davon berichten, siehe auch Seite 120 in diesem Buch. Und wir Erwachsenen sollten den Kindern ihre Geheimnisse lassen, uns still verhalten und uns freuen, wenn die Kindern uns von ihrer Märchenwelt erzählen.
Auf dieser Seite sind Spiele und Bastelsachen zusammgestellt, die gleichzeitig Gelegenheit geben, miteinander über die geheimnisvolle Zwergenwelt zu reden, wenn die Kinder wollen.

Eine kleine Zwergenstadt

Die kleinen Holzzwerglein sind schnell geschnitzt, die Kinder können sie selber anmalen: Aus kleinen Ästen oder dünnen Rundhölzern werden zuerst 2 bis 4 cm lange Stöckchen abgesägt, diese werden auf einer Seite zugespitzt und als Zwergenmütze rot angemalt. Dann wird noch ein flaches Gesicht geschnitzt und ein lustiges Zwergengesicht aufgemalt. Eine kleine rote Perle ist die Zwergennase.
Die Zwergenhäuslein werden aus Ästchen und Steinen, aus Moos und Gräsern gebaut. Eine ganze Zwergenstadt entsteht, wenn viele Kinder mitmachen. Eine besondere Idee: Die fertig gebastelten kleinen Holzzwerge werden beim nächsten Waldausflug mitgenommen. Im Wald suchen die Kinder nach einem schönen Platz, wo sie ihre Zwergenstadt aufbauen können. Wer wird wohl dort wohnen, wenn die Kinder nach Hause gehen und die Zwergenstadt zurücklassen?

Blick ins Elfenland

Wie wohl Elfen und Feen aussehen? Ob sich die Kinder das vorstellen können? Beim nächsten Ausflug zur Blumenwiese können sie es mal versuchen: Jeder sucht sich eine schöne Blume aus, setzt sich davor und schaut sie ganz genau und ganz lange an. Die Stengel, die Blätter, die farbigen Blütenblätter, die Staubgefäße. Und wenn die Kinder still und ruhig sitzen bleiben, krabbeln vielleicht ein kleiner Käfer oder eine Ameise den Stengel hoch, oder es besuchen eine Biene oder ein Schmetterling die Blüte. Das wäre schön. Und dann, irgendwann, wenn das Kind so vertieft die Blüte anschaut, kann es sich auch vorstellen, daß dort ein kleines Elfchen wohnt, vielleicht mitten auf der Blüte sitzt oder fröhlich mit der Blüte hin und her schaukelt. Vielleicht hat das Elfchen kleine Flügel und kann rund um die Blume fliegen und tanzen, und vielleicht schaut die kleine Elfe sogar herüber und blinzelt dem kleinen Menschenkind zu? Man braucht den andern ja nicht davon zu erzählen.
Ein schönes Phantasiespiel, das die Kinder gerne machen und immer wieder erleben wollen.

Bunte Häuschen für die Blumenelfen

Leere Schneckenhäuschen werden gesammelt, vorsichtig gewaschen, getrocknet und mit Dispersionsfarben angemalt. Da entstehen bunte Streifen, Kringel, Punkte, Blumenmuster und andere Phantasiemuster.
Im Garten wird eine kleine Ecke nicht mehr gemäht, und Wiesenblumensamen werden ausgesät. Wenn dann die Blumen wachsen und blühen, legen die Kinder ihre bunten Schneckenhäuschen in diese Blumenwiese. Das sieht lustig und fröhlich aus – und die Kinder können sich gut vorstellen, daß in diese Häuschen nun die Blumenelfen einziehen.

Mein Glücksstein

Wer einen Blick in Handtaschen, Aktenkoffer, Schreibtischschubladen oder Manteltaschen werfen darf, der wird dort manchmal kleine Steinchen finden. Es sind kleine Kieselsteinchen, gefunden im Urlaub am Strand, am Eingang einer historischen Stätte, wo man eigentlich keinen Stein wegtragen darf, oder aufgehoben beim Bergwandern neben der Berghütte, in der man übernachtet hat, beim Spaziergang neben der Bank am Aussichtsplatz, oder an einem anderen ungewöhnlichen, aber denkwürdigen Ort. Das kleine Steinchen erinnert an das Erlebnis, die schöne Stimmung von damals ist zurückgeholt und das glückliche Gefühl auch. Der kleine Stein ist ein Glücksstein geworden. Wenn man ihn in die Hand nimmt, sind alle Bilder, Erinnerungen, Gefühle und Empfindungen gegenwärtig. Ein schönes Phantasiespiel, das Erwachsene und Kinder gerne spielen!

Fundort des Glückssteins

Beim nächsten Ausflug an den Bach suchen sich die Kinder dort einen kleinen Kieselstein aus. Dann betrachtet jedes Kind seinen Kieselstein ganz genau, die Linien und Farben, die Form und die Oberfläche. Ob jedes Kind seinen Stein so genau kennt, daß es ihn zwischen mehreren anderen Steinen wiederfindet? Ausprobieren!

Die vier Elemente bringen Glück

Erde
Die Kinder legen ihren Stein ein Weilchen auf die Erde. Dann nehmen sie ihn wieder auf und spüren, wie schön feucht und erdig der Stein geworden ist.

Wasser
Nun legen sie ihren Stein in den Bach und lassen ihn vom Wasser umspülen, sie lauschen dem munteren Geplätscher und stellen sich vor, was der Bach dem Kieselstein alles erzählt. Es kann eine lange Geschichte sein. Dann nehmen die Kinder ihren Stein wieder auf und spüren, wie kühl und naß er jetzt geworden ist.

Luft und Feuer
Als nächstes legen die Kinder ihren Kieselstein in die Sonne. Die warme Luft trocknet den Stein, und die Sonnenstrahlen wärmen ihn auf. Das können die Kinder spüren, wenn sie nach einem Weilchen ihren Stein wieder in die Hand nehmen.

Jetzt ist der Stein ein Glücksstein geworden, die vier Elemente Erde, Wasser, Luft und Sonnenfeuer haben dazu beigetragen.

Aufbewahrungsort für den Glücksstein

Säckchen
Jedes Kind näht für seinen Glücksstein ein kleines Säckchen aus Stoff oder aus einem feinen, dünnen Lederrest. Klar, daß es dieses Säckchen selber näht. Wenn Sie ihm den Steppstich zeigen, können die Kinder das wirklich. Dann kommt noch ein Saum an den Rand, durch den man ein schönes Band oder eine selbstgedrehte Kordel zieht.
Wer will, kann das Säckchen an einem Band wie eine Halskette tragen, wer will, steckt es einfach in seine Hosentasche oder hängt es über sein Bett.

Körbchen
Jedes Kind schneidet dünne Zweige vom Weidenbusch oder Haselnußstrauch oder Holunderbusch ab. Diese Büsche wachsen schnell nach und werden vom Gärtner jedes Jahr zurückgeschnitten. Die Zweige werden einen Tag in Wasser getaucht, damit sie weich werden und beim Flechten nicht brechen. Nun wird ein kleines Körbchen geflochten und mit Moos ausgepolstert. Auch das kann ein Platz für den Glücksstein sein.

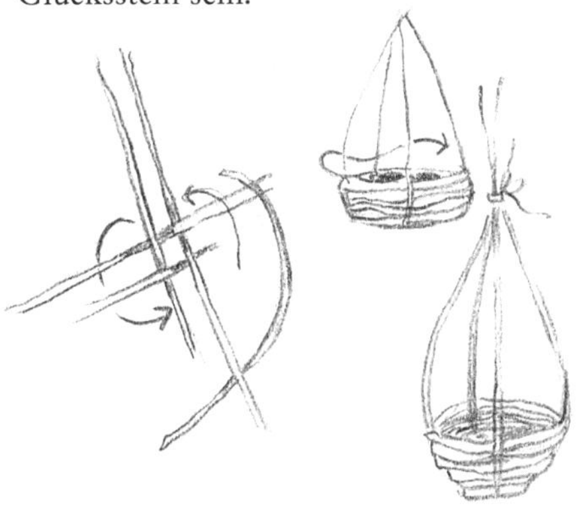

Das Geheimnis des Glückssteins

Ein Glücksstein kann beruhigen, wenn man aufgeregt ist: Den Stein in die Hand nehmen und zwischen den Fingern hin und her drehen.
Der Glücksstein kann Mut machen, wenn man sich vor etwas fürchtet: Den Stein in die Faust nehmen und festhalten.
Was kann er noch? Das denkt sich jedes Kind selber aus, still für sich, es braucht dieses Geheimnis den andern nicht zu verraten! Auch wir Erwachsenen sollten hier nicht neugierig nachfragen.

Träume

Ein Plädoyer für Träumer

Mit großen Augen schaut Jan in die Ferne, er träumt – am hellichten Tag. Wie schön, daß kleine Kinder ihre Phantasie einfach einschalten und sich die schönsten Dinge und Erlebnisse erträumen können.
Schulkindern und Erwachsenen ist dies nicht mehr gegönnt. Sie werden als Träumer belächelt und nicht ganz ernst genommen. Auch der Ausruf „Du träumst ja!“ ist eher eine Rüge als ein Kompliment.
Doch Tagträume sind etwas Wunderschönes! Wir sollten den Kindern immer wieder einen Anlaß für phantasievolle Tagträume geben. Denn Phantasie muß trainiert werden wie Radfahren und Klavierspielen. Wer als Kind viel phantasieren konnte, wird später als Erwachsener diese kreative geistige Fertigkeit im sozialen und beruflichen Leben einsetzen können. Wir brauchen kreative Menschen in unserer Gesellschaft, die zum Beispiel Probleme und Konflikte mit ungewöhnlichen Lösungswegen meistern können.
Also geben Sie den Kindern viele Möglichkeiten, dieses geistige Potential zu trainieren, mit phantasievollen Spielen, mit Tagträumen und Phantasiereisen.

Glaub's mir doch

Leo kann unglaubliche Geschichten erzählen. Was da alles in seinem Kinderleben passiert sein soll! Die andern Kinder staunen, und manch ein Schlauberger sagt: „Das glaub ich nicht! Das kann gar nicht sein.“ Was werden Sie machen, wenn Leo mit unglücklicher Miene ausruft: „Glaub's mir doch!“
Ihre Antwort könnte zum Beispiel so sein: „Du kannst tolle Geschichten erzählen. Sie sind wunderbar! Ich höre dir gerne zu. Und ein ganz kleines bißchen glaub ich's dir, weil ich auch Phantasie habe!“
Da fühlt sich Leo ernst genommen. Seine Geschichten kann er weitererzählen, weiterfabulieren, seine Phantasie braucht er nicht zu bremsen, und die Schlauberger haben auch ihre Antwort bekommen: Mit Phantasie kann man die Geschichten von Leo wirklich verstehen, auch wenn die Wirklichkeit anders aussieht. Na, das verstehen die Realisten, und vielleicht finden sie dann Spaß daran, sich ebenfalls solche Phantasiegeschichten auszudenken.
Als Erzieherin oder Erzieher ist es unsere besondere Kunst, den Kindern Anlässe zum Träumen und Phantasieren zu geben. Dazu ein paar Anregungen. So oder ähnlich können Sie Kindern helfen, ihre Träume mit Phantasie auszubauen, sich Wünsche konkret vorzustellen und mit allen Sinnen wahrzunehmen.

Stell es dir noch einmal vor

Der Besuch bei Oma war so schön, Lars schwärmt davon und möchte am liebsten gleich noch einmal zu seiner Oma in die Stadt fahren.
Nichts leichter als das, wir haben doch Phantasie!
Und nun können Sie dem Jungen ein bißchen auf die Gedanken-Sprünge helfen: Stell dir vor, du stehst vor der Wohnungstür Deiner Oma und klingelst. Deine Oma macht die Türe auf, und was habt ihr dann gemacht? Stell dir alles vor, ganz genau. Laß dir Zeit. Du kannst ganz lange daran denken.

Böser Traum mit gutem Ende

Katharina hat schlecht geträumt, sie ist noch ganz verwirrt, den Tränen nahe, zum Spielen hat sie keine Lust, keine Energie, der schlimme Traum beschäftigt sie sehr. Ach, wenn der Traum doch gut ausgegangen wäre!
Nichts leichter als das, wir haben doch Phantasie!
Was ist im Traum passiert? Katharina erzählt. Und dann stellen Sie und Katharina sich vor, wie die Traumgeschichte weitergehen könnte.
Anfangs braucht das Kind Ihre Hilfe. Überlegen Sie gemeinsam, was man jetzt im Traum tun könnte, wie Katharina sich wehren könnte. Beginnen Sie mit der Fortsetzungsgeschichte des Traums, nach und nach wird Katharina das Wort übernehmen und selber den Traum zu einem guten Schluß bringen.
Zum Beispiel: Das böse Tier, das sie verfolgt, stolpert, fällt in ein Loch, da ist es nun gefangen. Katharina kann den Zoodirektor holen, der nimmt das Tier gefangen und sperrt es in einen Käfig! Da bleibt es gefangen, für immer!
Wenn das die gute Lösung ist, kann Katharina die Schlußszene gleich noch einmal in Gedanken erleben, so oft und so ausführlich, wie sie will.
Und beim nächsten bösen Traum geht es schon ein bißchen leichter, sich mit Phantasie ein gutes Ende auszudenken.

Phantasiereisen

Phantasiereisen sind etwas Tolles, überallhin können die Kinder fliegen, fremde Länder sehen, rund um die Welt reisen, aber auch ins Märchenland kommen. Hier einige Anregungen zur Durchführung einer Phantasiereise mit Kindern:
Die Kinder setzen sich gemütlich hin und hören zu, während Sie mit leiser, ruhiger Stimme die Reise beschreiben. Manche Kinder wollen die Augen schließen, andere nicht. Aber jeder muß still sein und ruhig sitzen bleiben.
Was die Kinder auf der Reise alles erleben und sehen, das erzählen Sie mit sanfter Stimme und phantasievollen Worten, so daß Ihnen die Kinder gerne zuhören und nach Ihren Worten träumen.
Sie können leise Hintergrundmusik spielen lassen. Das beflügelt die Phantasie.
Der Anfang sollte immer gleich erzählt werden, zum Beispiel so: Die Kinder verlassen den Raum, in dem sie sich befinden, gehen in den Garten, und dann ist irgendwo eine Geheimtür, immer an der gleichen Stelle. Durch diese müssen die Kinder gehen, und was dahinter zu sehen ist, muß anfangs auch immer gleich sein, vielleicht eine Wiese oder ein Hügel. Dann kommt ein Phantasiefahrzeug, in das die Kinder einsteigen, und die Reise beginnt, schnell wie die Gedanken ist man am andern Ort.
Auch der Schluß der Geschichte sollte immer gleich lauten: Die Kinder landen auf der Wiese oder auf dem Hügel, gehen zurück, durch die Geheimtür, durch den Garten in das Zimmer und setzen sich auf ihren Platz. Und jetzt machen sie ihre Augen auf, sind wieder da, recken und strecken sich und wissen, daß sie eine tolle Phantasiereise gemacht haben!

Wolkenreise

Ein Beispiel für eine Phantasiereise:
In Gedanken gehen wir aus dem Zimmer, überqueren die Wiese, und am Busch vor dem Gartenzaun ist ein geheimer Ausgang, den nur wir kennen. Wir berühren die Zweige, eine Tür öffnet sich, wir gehen durch die Tür und kommen auf eine wunderschöne Wiese. Die Sonne scheint, die Vögel zwitschern, die Blumen duften. Und da kommt auch schon unsere Traumwolke angesegelt. Sanft schwebt sie auf die Wiese. Jeder steigt in die Wolke, macht es sich bequem, und dann steigt die Wolke langsam hoch, schwebt über die Wiese, segelt über den Wald, mit den Händen können wir über die Baumwipfel streichen.

Dann geht die Reise weiter, wir sehen unter uns Häuser mit roten Dächern, da ist auch der Kirchturm. Und weiter geht die Reise, so schnell wie unsere Gedanken, und schon sind wir ....
Und jetzt landen die Wolken an einem besonderen Ort, mal ist es ein Strand, mal ein Dschungel, mal die Wüste, mal der Palast des Sultans. Und was es da alles zu sehen, zu hören, zu riechen und zu fühlen gibt, das erzählen Sie.
Auf der Rückreise segelt die Wolke wieder über die Häuser mit den roten Dächern, vorbei am Kirchturm, dann fliegen die Kinder in ihrer Wolke über den Wald und können mit den Händen über die Baumwipfel streichen, und schließlich landet die kleine Wolke sanft auf der Wiese, die Kinder steigen aus und gehen ihren Weg zurück, durch den geheimen Eingang im Busch, durch den Garten, in den Raum, auf den Platz – und sind wieder da und recken und strecken sich tüchtig. Sie sind ja so weit gereist!

Fliegender Teppich

Eine andere Idee ist, daß sich die Kinder auf einen schönen bunten Teppich setzen oder in eine weiche Decke einwikkeln, bevor die Phantasiereise losgeht. Oder sie weben sich einen kleinen Teppich selber aus dicker, bunter, weicher Schafwolle, oder einen Flicken-Teppich aus knallbunten Stoffbändern, selbst zugeschnitten und gewoben.

Phantasiefahrzeug

Andere Kinder wollen lieber in einem Fahrzeug verreisen, zum Beispiel einem Flugzeug, das auch auf der Straße fahren und im Meer schwimmen und wie ein U-Boot tauchen kann. Dieses Fahrzeug können die Kinder selber konstruieren, mit Buntstiften auf dem Zeichenblatt. Und zu Beginn der Reise stellt sich jeder sein Fahrzeug vor, wie es vor dem Haus parkt, wie eingestiegen wird und dann die Gedankenreise losgeht. So schnell wie die Gedanken kann das Traumfahrzeug fahren, fliegen oder schwimmen. Mit Phantasie geht eben alles!

Traumschloß

Eine etwas andere Bildbetrachtung

Auf dem Bild ist ein wunderschönes Schloß zu sehen. Da können wir hineingehen, wir haben ja Phantasie! Also, Kinder, aufgepaßt:

Wir betreten jetzt den Schloßgarten, kommt ihr alle mit? Wir gehen diesen Weg entlang, vorbei an den Rosenbäumchen. Könnt ihr den feinen Rosenduft riechen? Jetzt gehen wir die Treppe zum Eingang hoch. Ein Schloßdiener öffnet uns die Tür. Wir betreten einen Saal. Rote Teppiche liegen auf dem Boden, die Wände und die Decken sind kunstvoll ausgestattet mit viel Goldschmuck. Wie das funkelt! Von der Decke herab hängt ein großer Kristall-Leuchter. Wie das glitzert!

Drei weiße Marmortreppen führen in den ersten Stock. Welche Treppe willst du hochsteigen? Such dir eine aus. Ich bleibe unten in der Eingangshalle stehen und warte auf euch. Oben wirst du einen wunderschönen Saal sehen. Schau ihn dir genau an, dann kannst du mir nachher erzählen, was du gesehen hast. Also, ich bin jetzt ein kleines Weilchen still, so daß ihr euch alles selbst ausdenken könnt …

Hallo, Kinder, kommt wieder die Treppen herunter, wir gehen zurück. Kommt mit, wir gehen durch die Eingangstür hinaus, der Schloßdiener schließt die Türe hinter uns zu. Wir gehen die Treppe hinunter, durch den Schloßgarten, vorbei an den duftenden Rosenbäumchen. Riecht ihr sie noch? Und jetzt steigen wir aus dem Bild heraus und sind wieder da! Wir recken und strekken uns, denn wir haben so viel erlebt. Wer mag von seinem Schloßzimmer erzählen?

Klar, daß jeder erzählen darf, soviel Zeit muß jetzt sein!

Ich habe einen Schutzengel

„Das ist nochmal gut gegangen!“ sagen die einen. „Da habe ich aber Glück gehabt!“ sagen die andern.
„Da war mein Schutzengel bei mir!“ sagen manche.
Die Kinder horchen auf! Die Sache mit den Engeln interessiert und beschäftigt sie sehr!

Die Engel sind den Kindern längst bekannt, sie kennen Engel als lebensgroße Figuren aus Holz oder Stein in den Kirchen, sie sehen sie auf vielen Kunstwerken. Es gibt viele Geschichten und Lieder von Engeln, und an Weihnachten treten die Engel in Scharen auf, große, kleine, freche, artige, in allen Materialien, zum Aufstellen, zum Aufhängen, als Geschenkverpackung. Engel haben die Kinder sicher auch schon mal gebastelt, aus Goldpapier für den Christbaum, aus Ton für den Kerzenständer, aus Stoff als Geschenk für die Großeltern.

Eine wichtige Frage

Was also soll die Geheimniskrämerei mit den Engeln. Gibt es sie oder gibt es sie nicht?
Für manche Erwachsenen ist es nicht leicht, hier eine ehrliche Antwort zu geben. Aber genau darauf warten die Kinder mit ihrer Frage, auf diese ehrliche Antwort!

Man braucht nur die Augen zu schließen

Viele Kinder versuchen, sich einen eigenen Engel genauer vorzustellen. Die kleine Helen hat es so erklärt: Das geht ganz leicht, man braucht nur die Augen zu schließen, und schon sieht man einen Engel. Wenn ich will, kann ich ihn auch spüren, mit ihm sprechen, ihm meine Sorgen erzählen. Der Engel hört mir zu, er kann mir Mut machen, er kann mich auch trösten, er kann wirklich helfen.
Wenn Helen Sie nun fragen würde, ob Sie an Engel oder Schutzengel glauben, was würden Sie antworten? Für Helen ist ihr Engel ein ständiger Begleiter, ein Freund. Sie fühlt sich bei ihm geborgen, von ihm beschützt, mit ihm sicher.
Eines ist klar: Diesen Engel darf man der kleinen Helen nicht wegnehmen, auch mit Worten nicht!

Die Antwort

Ja, einen Schutzengel kann sich jeder vorstellen. Denn jeder hat schon Situationen erlebt, in denen er großes Glück hatte, oder sich über den Zufall wundern mußte, sei es ein „zufälliges“ Gespräch mit jemandem, der gerade die Antwort weiß, die man suchte, oder sei es ein Telefonanruf von der Freundin, an die man in diesem Moment gerade gedacht hat. Jeder kann von solchen „zufälligen“, glücklichen Erlebnissen erzählen.
Erzählen Sie auch den Kindern davon und sprechen mit ihnen darüber, wie es im Leben viele wunderliche Dinge gibt, für die wir keine Erklärung haben – oder doch?
Die Kinder haben eine Erklärung: Es gibt eben Engel! Dazu brauchen wir Erwachsenen eigentlich nichts mehr hinzuzufügen.

Abendgespräche

Wie schön ist für Kinder die Vorstellung, daß sie abends ihre Augen schließen können und dann ihren Schutzengel sehen und mit ihm reden können. Man könnte auch beten dazu sagen oder meditieren.
Für das Kind ist es einfach ein Gespräch mit seinem Engel. Es kann ihm erzählen, was schön am Tage war, was schlimm war, wovor es Angst hat, worauf es sich freut. Es kann mit dem Engel über die Eltern reden, den Großeltern Gesundheit wünschen und um einen schönen Traum bitten!

Familie
Bei diesen Abendgesprächen können die Eltern mitmachen und auch von ihren Gedanken und Wünschen erzählen und von ihrem Glauben und ihrer Religion. Ein schöner Tagesabschluß ist dies, und das Kind wird beruhigt einschlafen, weil all das geklärt und besprochen ist, was es beschäftigt hat. Es fühlt sich verstanden und geborgen.

Abendgebet

Von guten Mächten wunderbar geborgen
erwarten wir getrost, was kommen mag.
Gott ist mit uns am Abend und am Morgen
und ganz bestimmt an jedem neuen Tag!

(Dietrich Bonhoeffer)

Lieber Engel

Text und Melodie: Gerhard Schöne

Unter deinen Flügeln
kuschle ich mich ein.
Weiß, daß du mir nah bist,
immer für mich da bist,
lieber Engel mein.

Sage dir vorm Schlafen
das, was ich bereu'.
Ich kann dir erzählen,
wenn mich Sorgen quälen,
und wenn ich mich freu'.

Brauch nicht Angst zu haben,
denn du bist ja hier,
hältst zu allen Zeiten,
auch in Schwierigkeiten
wie ein Freund zu mir.

Niemand kann dich sehen,
und doch gibt es dich.
Mein Gefühl, es trügt nicht,
und mein Herz, es lügt nicht:
Du bist da für mich.

Unter deinen Flügeln
kuschle ich mich ein.
Weiß, daß du mir nah bist,
immer für mich da bist,
lieber Engel mein.

Eine lange Geschichte

„Es war einmal ..."

So nahm manche Kindergeschichte ihren Anfang, wurde länger und länger, wurde ein Bilderbuch oder ein von allen geliebtes Vorlesebuch. So begann zum Beispiel auch das Leben von Pippi Langstrumpf:
Zuerst war da eine lustige Phantasie-Person und wurde mit einer kleinen Geschichte vorgestellt. Am nächsten Tag wollte das Kind mehr von dieser Person erfahren. Und am Tag darauf wartete das Kind schon auf die nächste Fortsetzung der Geschichte. Zum Glück hat Astrid Lindgren ihre Phantasie-Geschichte von Anfang an auch mitgeschrieben, und deshalb können wir heute von Pippi Langstrumpf und ihren Abenteuern lesen.
Es muß ja nicht gleich eine Geschichte wie Pippi Langstrumpf oder Pumuckl werden oder die eine, weltberühmte Unendliche Geschichte. Aber so ein lustiger Klabautermann wie Pumuckl, der viele Streiche macht und alles ausprobieren will, oder so ein verrücktes Mädchen wie Pippi, die tun kann, was sie will und sich alles erlaubt, oder so eine Abenteuergeschichte, die auf dem Speicher beginnt und jeden Tag aufregender wird – so etwas ähnliches könnte auch in den Kinderträumen entstehen. Wir sollten den Kindern einen Anreiz geben, sich eine eigene Geschichte auszudenken mit vielen Fortsetzungen.

Eine Geschichte, in der die Kinderträume wahr werden, in der die Kinder mutig und stark sein können, wo sie wilde Abenteuer gut bestehen und kleine Helden sind, wo sie Unglaubliches zu Wege bringen und von allen bewundert werden.

Die Hauptperson ist das Kind selber

Die Hauptperson in der Geschichte ist natürlich das Kind. Vielleicht hat es noch einen Freund oder kleinen Helfer zur Seite? Zum Beispiel einen sprechenden kleinen Hund oder ein kleines Wichtelmännchen, das die Sprache der Tiere versteht und auch ein bißchen zaubern kann. Oder es gibt einen geheimnisvollen Gegenstand, zum Beispiel einen Wunderspiegel, der alles zeigt, was man sehen und wissen möchte, oder eine Tarnkappe, mit der man unsichtbar wird. Da kann der Hauptperson nichts mehr passieren!

Kindergarten und Schule
Wie die Hauptperson aussieht und heißt, das überlegen die Kinder gemeinsam. Sicher wird es eine kleine, lustige, freche Person sein. In jeder neuen Fortsetzungsgeschichte begegnet diese Person einem Kind aus der Gruppe. Was dann so alles passiert, können die Kinder mitbestimmen. Machen Sie sich Notizen, denn bestimmt müssen sie immer wieder einen Teil der Geschichte wiederholen – und vielleicht auch mal an einem grauen Regentag die ganze lange Geschichte erzählen.

Die Fortsetzung

Jeden Tag kann die Geschichte weitergesponnen werden oder einmal in der Woche, zum Beispiel jeden Montagmorgen. Da sind sowieso die Kinderköpfe voller Fernsehgeschichten, die sie dann weiterverarbeiten können.
Damit die Fortsetzungsgeschichte spannend bleibt, müssen immer neue, besondere Begegnungen sein und eine Aufgabe oder ein Rätsel oder ein Problem gelöst werden.
Wenn Ihnen nichts Neues mehr einfällt, dann können Sie auch mal in beliebten Kindergeschichten schmökern, um auf neue Abenteuergedanken zu kommen! Nacherzählen ist erlaubt.

Familie
Über einen Zeitraum hinweg, zum Beispiel in der Ferienzeit, wird täglich immer wieder mit dem Kind oder mit allen Geschwistern eine Fortsetzung der Geschichte ausgedacht. Notieren Sie sich mit Stichworten, was Neues passiert, um beim nächsten Phantasiegespräch den Anschluß zu haben.

Hörspiel

Eine andere Idee ist, die Geschichte auf Cassette aufzunehmen, jeden Tag eine kurze Fortsetzung. Was in der Geschichte passieren soll, wird auch wieder mit den Kindern vereinbart. Je verrückter, desto besser, je unglaublicher, desto spannender. Und dann erzählen Sie die Geschichte gleich ins Mikrophon. Ist etwas schief gelaufen, macht nichts! Einfach die Stelle auf dem Band löschen und noch einmal erzählen. Spannend ist es, wenn die Kinder Geräusche dazu machen, siehe Seite 103.
Ist das Band voll, dann ist auch die Geschichte zu Ende. Und ganz bestimmt will nun jedes Kind eine Überspielung des Hörspiels besitzen. Na klar, ist es doch auch seine Geschichte!

Bilderbuch-Geschichte

Von jeder Fortsetzung der Geschichte malen die Kinder ein Bild und heften es in ihren Geschichtenordner ein. Den Text dazu können Sie notieren und als Vorleseblatt beilegen.

Ich will viel wissen

Wie das Denken und Lernen im Kopf funktioniert, das ist bereits auf Seite 34 anschaulich beschrieben. Und so kann man es auch den Kindern erklären.
Neugierig sein, viel fragen und viel wissen wollen, das ist das Beste, was den Kindern als Lernverhalten vermittelt werden kann. Dazu dieses Spiel:

Die tägliche Fragestunde

Die Kinder sitzen im Kreis. Wer will als erster mit seiner Frage beginnen? Laut und deutlich und von allen hörbar stellt er seine Frage.
Das muß anfangs zuerst gelernt werden, so laut vor allen andern eine Frage zu stellen. Doch wer es beherrscht, der hat fürs Leben etwas Wichtiges gelernt. Denn in diese Situation kommt man immer wieder, auch wenn man erwachsen ist.
Und die Spielregel geht so: Einer fragt etwas, dann antwortet ein anderes Kind, wenn es die Antwort weiß. Das ist wichtig, manche Sache kann wirklich schon ein Kind beantworten. Nur wenn es etwas zu ergänzen gibt, ergreifen Sie das Wort und fügen Ihre Information hinzu.

Informations-Wege

Und wenn mal keiner eine Antwort weiß, auch Sie nicht, dann ist das eine prima Situation. Nun können Sie den Kindern zeigen, wie man an Informationen herankommt:

Kinder-Bilder-Lexikon
Vielleicht steht im Lexikon darüber etwas? Nehmen Sie zuerst das Kinder-Bilder-Lexikon aus dem Bücherschrank der Kinder und schlagen nach. Gefunden? Dann lesen Sie den Text vor und zeigen den Kindern das Bild dazu.
Die Antwort nicht gefunden?

Sachbücher
Dann schauen Sie im Bücherschrank nach Sachbüchern zu diesem Thema. Blättern Sie im Dabeisein der Kinder in dem Buch und lesen oder berichten Sie.
Die Antwort nicht gefunden?

Lexikon-Reihe
Dann nehmen Sie aus Ihrem Bücherschrank einen Lexikonband und suchen dort nach Information. Gefunden? Lesen Sie diesen Text den Kindern vor. Auch wenn die Worte für die Kinder fremd und unverständlich klingen, so ist dieses Spracherlebnis recht spannend, und die Kinder sind aufmerksam, hören vielleicht sogar grinsend zu. Wie die Erwachsenen sich doch komisch ausdrükken! Doch eines wird dabei den Kindern klar, wenn sie groß sind, dann werden sie diese Lexikontexte verstehen und selbst jeder Frage nachgehen können.
Die Antwort nicht gefunden?

Experten fragen

Jetzt wird es spannend! Wie finden wir die Antwort heraus? Wer könnte es wissen, wen könnte man fragen? Wenn es sich um Blumen handelt, den Gärtner, wenn es sich um Tiere handelt, vielleicht den Tierarzt, wenn es sich um die Spielstraße handelt, den Polizist oder jemand aus der Stadtverwaltung? Die Kinder beraten mit Ihnen, wer eine Auskunft geben könnte. Und dann suchen Sie per Telefonbuch oder Auskunft nach der Telefonnummer des Experten, greifen zum Telefon und geben im Dabeisein der Kinder die Frage an den Fachmann weiter. Wenn dieser von Ihrer Fragestunde hört und daß diese Frage die Kinder interessiert, dann wird er Ihnen bestimmt antworten. Vielleicht können Sie bei Ihrem Telefon auf Mithören umschalten. Wenn die Kinder leise sind, könnten Sie zuhören, vorausgesetzt, der Telefonpartner ist damit einverstanden. Dann könnte er sich auch mit seiner Antwort direkt an die kleinen Zuhörer wenden.
Die Antwort nicht gefunden?

Denkzettel schreiben

Jetzt heißt es nachdenken! Am besten schreiben Sie die Frage auf einen Zettel, der so lange an der Wand kleben bleibt, bis Sie oder die Kinder die Antwort herausbekommen haben! Ein denkwürdiger Zettel!

Was wird gelernt?

Bei diesem Fragespiel lernen die Kinder sehr viel, nämlich,

- daß man alles fragen kann,
- daß man die Antworten selber suchen kann, in Büchern oder mit Expertenbefragung,
- daß aber nicht alle Fragen beantwortet werden können und daß auch die klugen Erwachsenen nicht alles wissen,
- daß man ruhig zugeben kann, wenn man etwas nicht weiß,
- daß man bei unbeantworteten Fragen nicht gleich aufgeben muß, sondern weitersuchen und weiterfragen kann,
- daß man auf der Suche nach einer Antwort sehr viel anderes erfahren kann,
- daß man zur Beantwortung seiner Fragen selber aktiv sein muß und manchmal erst nach langem Nachforschen eine Antwort bekommt,
- daß es auf der Welt noch viele Geheimnisse und Fragen gibt, die kein Mensch beantworten kann!

Fragen macht Spaß!

Text und Melodie: Gerhard Schöne

Hat uns Gott einst erschaffen?
Oder war'n wir erst Affen?
Gibt es wirklich mehr Sterne
als Steine am Meer?
Schläft ein Koch in der Küche?
Haben Wolken Gerüche?
Melodien und Träume,
wo kommen die her?
Warum? Wieso?
Wie oder was?
Fragen macht schlauer!
Fragen macht Spaß!

Kann ich Tiersprachen lernen?
Kann ich aus Apfelkernen
einen Apfelbaum züchten?
Und wie krieg ich das hin?
Haben Spatzen und Meisen
keine Lust zu verreisen,
wenn die andern Vögel
nach Afrika zieh'n?
Warum? Wieso?
Wie oder was?
Fragen macht schlauer!
Fragen macht Spaß!

Darf man Katzen anleinen?
Können Männer auch weinen?
Wieso kommt es, daß Babys
am Anfang so schrei'n?
Woher kriegen die alten
Leute all ihre Falten?
Durch die Sorgen? Durchs Lachen?
Oder ganz von allein?
Warum? Wieso?
Wie oder was?
Fragen macht schlauer!
Fragen macht Spaß!